AF275228

COLEX

GRACIAS POR CONFIAR EN COLEX

Disfrute gratuitamente **DURANTE UN AÑO** de los eBook, audiolibros y Colex Copilot de las obras de Editorial Colex*

ACTIVA TU CÓDIGO PARA ACCEDER A LOS SERVICIOS

1. Accede a **www.colex.es**.

2. Inicia sesión o regístrate como usuario.

3. Dirígete al menú de usuario y haz clic en **«Mis códigos»**.

4. Introduce el siguiente código **(RASCA PARA VER EL CÓDIGO)**:

◆ Una vez se valide el código, aparecerá una ventana de confirmación y su eBook / audiolibro / Colex copilot estarán activos **durante 1 año desde su activación** en la pestaña «Mis libros» en el menú de usuario.

No se admitirá la devolución si el código promocional ha sido manipulado y/o utilizado.

¡Gracias por confiar en nosotros!

La obra que acaba de adquirir incluye de forma gratuita la versión electrónica.

Acceda a nuestra página web para aprovechar todas las funcionalidades de las que dispone en nuestro lector.

Funcionalidades eBook

Acceso desde cualquier dispositivo con conexión a internet

Idéntica visualización a la edición de papel

Navegación intuitiva

Tamaño del texto adaptable

Síguenos en:

NUEVA FUNCIONALIDAD CON INTELIGENCIA ARTIFICIAL EN LOS LIBROS DE COLEX

| Una cortesía de Iberley.es |

En Colex damos un paso más en innovación jurídica. Desde ahora, las guías «Paso a paso» y los «Vademecum» incorporan una nueva funcionalidad basada en **inteligencia artificial**, gracias a la tecnología de **Iberley IA**.

El lector podrá interactuar directamente con el contenido del libro de forma inmediata, útil y centrada exclusivamente en su materia.

☑ **¿Qué puede hacer el usuario en el libro?**

💬 Realizar preguntas sobre el contenido del libro.

📚 Solicitar explicaciones de artículos, conceptos o normativa.

☀ Utilizar un ChatBot inteligente, contextualizado y acoplado al contenido legal del libro.

💡 Resolver dudas puntuales mientras se estudia o trabaja con la obra.

☒ **¿Qué no puede hacer esta versión del ChatBot?**

✗ No permite generar escritos jurídicos.

✗ No analiza ni responde documentos externos.

✗ No responde a consultas de otras materias distintas a la del libro.

Esta herramienta está pensada para enriquecer la experiencia de lectura y consulta del libro. Su uso es exclusivo sobre su contenido.

¿QUIERES IR MÁS ALLÁ? DESCUBRE IBERLEY IA

Si necesitas una **solución avanzada de inteligencia legal**, con cobertura total de materias y documentos, entra en **www.iberley.es** y accede a todas las funcionalidades profesionales:

CUADRO SIMBÓLICO DE FUNCIONALIDADES		
Funcionalidad	**En los libros Colex**	**En Iberley.es**
Preguntar sobre el contenido del libro	✓	✓
Solicitar explicaciones jurídicas	✓	✓
ChatBot integrado al contenido del libro	✓	✓
Consultas sobre otras materias	✗	✓
Análisis de documentos externos	✗	✓
Generación de escritos jurídicos	✗	✓
Traducción jurídica	✗	✓
Informes y resúmenes legales automáticos	✗	✓
Contratos, guías prácticas y emails para clientes	✗	✓
Estrategias judiciales y jurisprudencia instantánea	✗	✓

VIOLENCIA DE GÉNERO VS. VIOLENCIA DOMÉSTICA

Examen profundo de las diferencias conceptuales, jurídicas y sociales entre dos de las manifestaciones más graves de la violencia en el ámbito familiar y afectivo

VIOLENCIA DE GÉNERO VS. VIOLENCIA DOMÉSTICA

Examen profundo de las diferencias conceptuales, jurídicas y sociales entre dos de las manifestaciones más graves de la violencia en el ámbito familiar y afectivo

EDICIÓN 2026

Obra realizada por el Departamento de Documentación de Iberley

COLEX 2026

© Editorial Colex, S.L.
Calle Costa Rica, número 5, 3º B (local comercial)
A Coruña, C.P. 15004
info@colex.es
www.colex.es

I.S.B.N.: 979-13-7011-583-8
Depósito legal: C 93-2026

SUMARIO

0.
LA VIOLENCIA EN EL ÁMBITO FAMILIAR Y DE PAREJA

Violencia doméstica y violencia de género en el derecho penal español

La **violencia ejercida dentro del ámbito familiar y en el marco de las relaciones de pareja o de afectividad** constituye uno de los desafíos actuales más complejos para nuestro ordenamiento jurídico.

Estas conductas transcienden el ámbito meramente privado para convertirse un problema social en la actualidad, y es por ello que requieren una respuesta normativa precisa y eficaz que permita proteger adecuadamente a las víctimas, así como garantizar el respeto a los derechos fundamentales implicados.

Desde la reforma operada por la Ley Orgánica 1/2004, de 28 de diciembre, y la posterior evolución legislativa y jurisprudencial, la violencia doméstica y la violencia de género han adquirido un tratamiento normativo diferenciado. Este enfoque dual ha permitido perfilar con mayor claridad los distintos bienes jurídicos afectados (la integridad física y moral, la libertad, la paz familiar y, en última instancia, la igualdad) y ha dado lugar a un sistema de protección reforzado que reconoce la especial gravedad y sensibilidad social de estas manifestaciones de violencia.

El estudio de esta cuestión requiere una aproximación sistemática que permita comprender tanto los elementos estructurales de los tipos delictivos como las distintas respuestas jurídicas que lo abordan. Por ello, en primer lugar, resulta fundamental analizar el **delito de violencia doméstica o maltrato habitual en el ámbito doméstico**, pues esta figura recoge formas reiteradas de agresión o dominación dentro del ámbito familiar. En segundo lugar, cabe analizar la **violencia de género**, configurada como una manifestación específica de la desigualdad estructural entre hombres y mujeres. La diferencia entre estas dos figuras es esencial para delimitar con claridad el objeto específico de tutela en cada caso y orientar las medidas jurídicas aplicables.

Adquieren también especial relevancia las órdenes de protección, instrumentos procesales esenciales para garantizar la seguridad y una asistencia integral a las víctimas de estos delitos.

Por último, este fenómeno ha adquirido nuevas dimensiones que la jurisprudencia y la doctrina han ido perfilando, como la **violencia económica** y la **violencia vicaria.**

1.
EL DELITO DE VIOLENCIA DOMÉSTICA O MALTRATO HABITUAL

Consideraciones generales sobre el delito de maltrato habitual en el ámbito doméstico

El delito de maltrato habitual en el ámbito doméstico, o **violencia doméstica**, constituye una de las manifestaciones más graves de vulneración de los derechos fundamentales dentro del ámbito familiar. Regulado el delito por el apartado 3 del artículo 173 del Código Penal, se tipifican conductas que generan un daño físico, psíquico o moral reiterado sobre personas vinculadas por la convivencia o relaciones de afectividad, lo que lo convierte en un fenómeno de especial relevancia social y jurídica.

La creciente preocupación por la protección de las víctimas ha llevado al legislador a reforzar la normativa penal, buscando no solo sancionar los actos de violencia, sino también prevenirlos y garantizar medidas de protección efectivas.

> **JURISPRUDENCIA**
>
> **Sentencia del Tribunal supremo n.° 305/2017, de 27 de abril, ECLI:ES:TS:2017:1888**
>
> «(...) el delito que comentamos debe ser abordado como un problema social de primera magnitud y no solo como un mero problema que afecta a la intimidad de la pareja, y desde esta perspectiva es claro que la respuesta penal en cuanto represiva es necesaria, pero a su vez debe estar complementada con políticas de prevención, de ayuda a las víctimas y también de resocialización de estas y de las propias víctimas».

La regulación del apartado 2 del artículo 173 del Código Penal evidencia la **autonomía de la figura delictiva**, separándola de otros delitos de violencia familiar. Esta autonomía se traduce en la fijación de penas específicas y medidas accesorias adaptadas al ámbito doméstico, como la inhabilitación para la patria potestad, la privación del derecho a la tenencia de armas o la imposición de libertad vigilada. De esta manera lo expresa la sentencia del Tribunal Supremo n.° 364/2016, de 27 de abril, ECLI:ES:TS:2016:1809: «*El delito de violencia o maltrato habitual es autónomo, tiene su propio radio de* *acción y se proyecta sobre un valor transcendente al de los actos concretos y singulares que definen la existencia de la habitualidad exigida por el legislador, cuestión de la que se ha ocupado abundantemente la jurisprudencia de esta Sala, (por ejemplo, SSTS 232/2015, 98/2013 o856/2014, entre las más recientes). Así, hemos señalado que se trata de un tipo con sustantividad propia que sanciona la consolidación por parte de sujeto activo de un clima de violencia y dominación; de una atmósfera psicológica y moralmente irrespirable, capaz de anular a la víctima e impedir su libre desarrollo como persona, precisamente por el temor, la humillación y la angustia inducidos. Un estado con autonomía propia y diferenciada, que se vertebra sobre la habitualidad, pero en la que los distintos actos que lo conforman sólo tienen el valor de acreditar la actitud del agresor. Por ello ha dicho de manera reiterada esta Sala que el maltrato familiar del artículo 173 CP se integra por la reiteración de conductas de violencia física y psíquica por parte de un miembro de la familia en relación a las personas que el precepto enumera, aun cuando aisladamente consideradas fueran constitutivas de falta. Lo relevante es que creen, por su repetición, esa atmósfera irrespirable o el clima de sistemático maltrato al que ya nos hemos referido».*

Además, tal y como establece la sentencia del Tribunal Supremo n.º 201/2024, de 4 de marzo, ECLI:ES:TS:2024:1601, el tipo penal se aproxima *«(...) a la categoría de los "delitos de estado" en los que se crea un resultado antijurídico mediante la generación de un clima habitual de violencia, sujeción y dominación que se proyecta sobre todos los que hayan quedado encerrados, valga la expresión, en dicho círculo».* Esto es debido a que el resultado antijurídico no es un acto aislado, sino la creación de ese clima habitual de violencia, sujeción y dominación.

El bien jurídico protegido en el delito de maltrato habitual o violencia doméstica

El **bien jurídico protegido** por el delito de violencia doméstica es la **integridad física, psíquica y moral de las personas que forman parte del núcleo familiar**. Esta protección se amplía, además, a personas vulnerables, como menores, personas con discapacidad o personas mayores, quienes requieren una tutela reforzada frente a posibles abusos y maltratos.

A diferencia de otros tipos de violencia, como la violencia de género que protege específicamente a las mujeres por su condición de género, la violencia doméstica tiene un ámbito de aplicación más amplio, abarcando a todos los miembros del entorno familiar y personas bajo la tutela o custodia del agresor. La finalidad es garantizar un entorno seguro y respetuoso dentro de la familia y otras relaciones de convivencia o afectividad análoga.

Aun con todo, la sentencia del Tribunal Supremo n.º 609/2023, de 13 de julio, ECLI:ES:TS:2023:3301, establece como objeto de protección del tipo penal *«la pacífica convivencia entre personas vinculadas por los lazos familiares o por las estrechas relaciones de afecto o convivencia a las que el propio tipo se refiere. Lo que se pretende evitar es que ese concreto marco interpersonal y relacional se convierta en un instrumento idóneo, favorecedor y reiterado de victimización de aquellos que lo integran».* Igualmente, la STS n.º 27/2019, de 24 de enero, ECLI:ES:TS:2019:116, dictamina que *«(...) el bien jurídico protegido en el delito de malos tratos habituales del artículo 173.2 CP, es la dignidad de la persona y su derecho a no ser sometida a tratos inhumanos o degradantes en el ámbito de la familia, protegiéndose al tiempo, de esta forma, la **paz en el núcleo familiar como bien jurídico colectivo».*** En la misma línea, la STS n.º 305/2017, de 27 de abril, ECLI:ES:TS:2017:1888 resuelve que *«Puede afirmarse que el bien jurídico protegido es la **preservación del ámbito familiar como una comunidad de amor, y libertad presidido por el respeto mutuo y la igualdad**, dicho más sintéticamente, el bien jurídico protegido es la paz familiar, sancionando aquellos actos que exteriorizan una actitud tendente a convertir aquel ámbito en un microcosmos regido por el miedo y la dominación, porque, en efecto, nada define mejor el maltrato familiar como la situación de dominio y de poder de una persona sobre su pareja y los menores convivientes».*

Penalidad del delito de maltrato habitual o violencia doméstica

El delito de **violencia doméstica** o maltrato habitual conlleva un régimen punitivo específico que refleja la gravedad de la conducta y la necesidad de proteger a las víctimas dentro del ámbito familiar. Así pues, se establece una pena de prisión de 6 meses a 3 años, privación de derecho a la tenencia y porte de armas de 3 a 5 años, inhabilitación especial para ejercer la patria potestad, tutela, curatela, guarda o acogimiento por 1 a 5 años, cuando sea necesario proteger a menores o personas con discapacidad.

Se impondrá la pena en su **mitad superior** si los actos se cometen en presencia de menores, en el domicilio común o de la víctima, con armas o quebrantando medidas cautelares. A mayores, cabe la posibilidad de libertad vigilada adicional.

Por otro lado, en el caso de **injurias o vejaciones leve**s, reguladas en el apartado 4 del artículo 173 del Código Penal, se establece la pena de localización permanente de 5 a 30 días, trabajos en beneficio de la comunidad de 5 a 30 días o multa de 1 a 4 meses. Se aplicará también a conductas de acoso sexual leve que generen un entorno hostil, intimidatorio o humillante. Dichas conductas serán solo perseguibles previa denuncia de la víctima o de su representante legal.

Por último, además de las penas principales, podrá el juez imponer **medidas** como alejamiento de la víctima, prohibición de comunicación, suspensión de la custodia compartida o tutela, reforzando la protección de las personas vulnerables.

En conjunto, la penalidad refleja el enfoque preventivo y protector del ordenamiento jurídico, buscando sancionar la conducta e impedir su repetición y garantizar la seguridad y dignidad de los miembros del núcleo familiar.

1.1. Tipo objetivo en el delito de violencia doméstica o maltrato habitual

Conducta típica del delito de maltrato habitual en el ámbito doméstico

El **elemento objetivo** del delito de maltrato habitual previsto en el apartado 2 del artículo 173 del Código Penal, consiste en la **realización de actos de violencia física o psíquica de manera reiterada dentro del ámbito familiar o de convivencia**. Sin embargo, la violencia se caracteriza por la **creación de un estado prolongado de agresión, hostilidad o dominación**, que convierte el espacio familiar en un ámbito incompatible con la dignidad del núcleo familiar y la convivencia pacífica.

Los actos concretos de violencia (golpes, humillaciones, insultos) son relevantes no por sí mismos, sino como prueba del patrón de comportamiento del agresor. La ley no exige que cada acto haya sido denunciado o juzgado, sino que lo esencial es que exista esta conducta reiterada que genera un ambiente de sumisión y miedo entre los miembros de la familia.

Así pues, el elemento objetivo del delito se centra en la habitualidad y sistematicidad de las conductas violentas, que permiten identificar la sustantividad del tipo penal y la afectación del bien jurídico autónomo: la paz y la protección de los valores fundamentales de las personas que la integran. La reiteración de los actos y la evidencia de un clima de dominación son los indicadores clave que permiten al juez apreciar la existencia del delito de maltrato habitual en el ámbito de doméstico.

1.1.1. Violencia física o psíquica

El elemento objetivo: actos de violencia física o psíquica

El precepto exige la realización de **actos de violencia**, entendidos en un sentido amplio, integrador y no restrictivo, conforme a la jurisprudencia del Tribunal Supremo. Se entenderá por violencia **física** los golpes, empujones y acciones lesivas de cualquier entidad, incluso leves; y se entenderá por violencia **psíquica** las amenazas, menosprecios, insultos, humillaciones, hostigamiento emocional, control económico, aislamiento social, comportamientos intimidatorios, etc.

Es relevante destacar que no será requisito que cada acto considerado aisladamente alcance relevancia penal propia. Muchos de los comportamientos citados, individualmente valorados, podrían constituir delitos leves o, incluso, carecer de tipicidad penal, pero el tipo penal los integra como manifestaciones de un **patrón global de maltrato**. Tal y como establece la sentencia del Tribunal Supremo n.º 303/2022, de 24 de marzo, ECLI:ES:TS:2022:1114: «*Por ello ha dicho de manera reiterada esta Sala que el maltrato familiar del artículo 173 CP se integra por la reiteración de conductas de violencia física y psíquica por parte de un miembro de la familia en relación a las personas que el precepto enumera, con independencia de la consideración típica que merezcan como hechos aislados. Lo relevante es que creen, por su repetición, esa atmósfera irrespirable o el clima de sistemático maltrato al que ya nos hemos referido*». En este sentido, solo se podrá invocar el principio *non bis in idem* en relación con aquellos actos concretos de violencia que hayan integrado la habitualidad de un maltrato anterior ya enjuiciado.

Cabe apreciar que «*Debemos considerar la violencia como toda acción u omisión de uno o varios miembros de la familia que dé lugar a tensiones, vejaciones u otras situaciones similares en los diferentes miembros de la misma, concepto amplio que comprendería las más variadas formas de maltrato que se dan en la vida real (STS 305/2017, de 27 de abril)*» (STS n.º 537/2023, de 4 de julio, ECLI:ES:TS:2023:3244).

En conclusión, la conducta típica consiste, por tanto, en una **pluralidad de acciones** que, tomadas en conjunto, conforman un **trato violento mantenido**, dotado de especial lesividad para la paz familiar.

1.1.2. La habitualidad

La habitualidad como eje estructural del elemento objetivo

La **habitualidad** constituye la esencia del tipo penal y su principal elemento objetivo. Según la doctrina del Tribunal Supremo no se exige un número concreto de actos, descartándose criterios aritméticos; debe apreciarse una reiteración significativa de comportamientos; se valora la proximidad temporal entre los actos; es irrelevante que los actos previos hayan sido o no enjuiciados y la violencia puede recaer sobre una o varias víctimas del entorno familiar tipificado.

El criterio habitual responde a una concepción cualitativa de la habitualidad, es decir, lo decisivo no es la suma de actos, sino su repetición en un contexto de dominación, generando un patrón estable y persistente de agresión. Así pues, rechaza la doctrina la concepción formalista basada en un número mínimo de acciones y asume un criterio naturalístico, criminológico y contextual. Lo relevante es que las víctimas vivan en un estado permanente de agresión.

Por último, destaca la STS n.º 537/2023, de 4 de julio, ECLI:ES:TS:2023:3244, por determinar la **autonomía** del delito por su repetición: «*Aunque los actos individualmente considerados pueden ser constitutivos de delitos contra la integridad física, el maltrato habitual se configura y cobra autonomía por su repetición*». Dicha autonomía deriva pues de varios factores: el injusto radica en el clima de violencia general, no en los actos aislados; los actos singulares solo sirven como indicios para acreditar la existencia de dicho clima (tal y como establece el propio articulado del delito «*sin perjuicio de las penas que pudieran corresponder a los delitos en que se hubieran concretado los actos*») y la valoración conjunta permite apreciar el tipo.

1.1.3. El estado prolongado de violencia y dominación

El resultado típico: la creación de un estado prolongado de violencia y dominación

El **resultado típico** del delito no radica en lesiones concretas, sino en la formación de un **clima agresivo permanente que afecta a la convivencia**. Es un delito de resultado, pero no en sentido lesivo, sino en sentido estatal o situacional: el injusto consiste en la consolidación de un estado antijurídico prolongado. De esta forma, la jurisprudencia lo conceptúa como un delito de estado en el que los actos concretos son relevantes en tanto evidencian la existencia de una situación continuada de dominación (STS n.º 201/2024, de 4 de marzo, ECLI:ES:TS:2024:1601).

Este estado implica la quiebra de la estructura de la convivencia pacífica, la creación de un clima de miedo, tensión, humillación o sometimiento y la afectación intensa de la dignidad e integridad moral de los miembros del núcleo familiar.

De este modo, el resultado típico se identifica con la existencia de un microcosmos de violencia sostenida, que transciende la suma de sus manifestaciones externas.

> **CUESTIONES**
>
> **1. ¿Cuántos actos violentos deben de cometerse para apreciar el delito?**
>
> La sentencia del Tribunal Supremo n.º 63/2025, de 30 de enero, ECLI:ES:TS:2025:396, responde a esta cuestión de la siguiente manera: «*La habitualidad que necesariamente debe darse en el ejercicio de la violencia dentro del ámbito de las relaciones familiares, es una exigencia típica que ha originado distin-*

tas corrientes imperativas. *La jurisprudencia de esta Sala se ha apartado de la que vinculaba a la habitualidad con un número de acciones violentas, que por establecer un paralelismo con la habitualidad que describe el artículo 94 CP a efectos de sustitución de penas, se fijó en más de dos, es decir, a partir de la tercera acción violenta. Consideramos que **lo relevante no es el número de actos violentos o que estos excedan de un mínimo, sino la relación entre autor y víctima, más la frecuencia con que ello ocurre, esto es, la permanencia del trato violento**, de lo que se deduce la necesidad de considerarlo como delito autónomo»*.

2. Si los actos violentos se realizan sobre personas diferentes, ¿se aprecia uno o varios delitos de violencia doméstica?

La sentencia del Tribunal Supremo n.º 556/2020, de 29 de octubre, ECLI:ES:TS:2020:3543, concluye que debe entenderse que existe **un único delito de violencia doméstica habitual,** aun cuando la violencia se ejerza sobre varias personas del entorno familiar.

«La conducta recogida en el artículo 173.2 del Código Penal, determina la existencia de un solo delito de violencia doméstica habitual, con independencia del número de personas que se vean afectadas por esa desgraciada convivencia».

Igualmente, la STS n.º 853/2022, de 27 de octubre, ECLI:ES:TS:2022:4091, recoge que «Solo esta concepción del bien jurídico permite que la protección penal se disipe con independencia de quien de los integrantes concretos de la unidad familiar soporte cada uno de los habituales comportamientos violentos, y que se contemple una agravación específica cuando alguno de los actos de violencia se perpetre en presencia de menores, sin que la estructura de la punición de los hechos pueda modificarse a una concepción individual del hecho típico cuando los actos de violencia física se proyecten de manera reiterada sobre varios individuos. (...) El número de familiares directamente impactados por el comportamiento violento (como la frecuencia con que se reiteren los actos de violencia; la naturaleza concreta; o el daño que los actos de dominación puedan irradiar a los demás integrantes de la unidad familiar), es un parámetro que permite evaluar la antijuridicidad de la acción y el alcance de la culpabilidad del responsable, con repercusión evidente en la individualización de la pena a imponer pero no transforma el vil y despreciable hábito que es objeto de punición en tantos delitos homogéneos como miembros de la familia hayan soportado directamente los abusos, menos aún cuando el menoscabo individual inherente a cada comportamiento es objeto de sanción separada por expresa previsión del artículo 173.2 del Código Penal y satisface con ello la protección de los bienes jurídicos individuales directamente impactados».

3. ¿Cómo se acredita el elemento objetivo?

La demostración del estado habitual de violencia se basa en una valoración conjunta y contextualizada del material probatorio, sin exigir una prueba plena de cada episodio. Entre los elementos más habituales destacan: comparecencias policiales reiteradas, informes médicos o psicológicos, testimonios de la víctima y de testigos, mensajes, comunicaciones o documentos que evidencien la continuidad, evidencias de control, hostigamiento o violencia emocional, análisis de la dinámica relacional y del contexto convivencial. De esta forma, debe el tribunal construir un juicio global de habitualidad, capaz de acreditar que la víctima vivía bajo un patrón continuado de maltrato.

4. ¿El derecho de corrección paternal ampara la violencia de padres a hijos?

No. El derecho de corrección no ampara la violencia física que cause lesiones, aunque sean leves. Según la sentencia del Tribunal Supremo n.º 582/2022, de 13 de junio, ECLI:ES:TS:2022:2349, cualquier comportamiento violento que produzca un menoscabo físico o psíquico integrará el delito que corresponda, sin que pueda justificarse como corrección legítima. El derecho de corrección existe, pero **solamente permite medidas educativas moderadas, proporcionadas y no violentas, quedando excluido todo castigo corporal que deje lesiones, incluso si no requieren asistencia médica.** En el caso de la sentencia, un padre, tratando de que su hija de 5 años obedeciera la orden de acostarse, le propina un fuerte azote en las nalgas. El golpe deja marcas visibles durante varios días, aunque no precisa asistencia médica. El padre sostiene que actuó dentro de su derecho de corrección, pues buscaba una finalidad educativa. El Tribunal Supremo afirma expresamente «*que es tan ilegal golpear, 'abofetear' o 'pegar' a un niño como lo es dar ese trato a un adulto*», y que los castigos corporales no pueden justificarse bajo la denominación de disciplina o corrección razonable. «*(...) el derecho de corrección, tras la reforma del art. 154.2 in fine C. Civil, sigue existiendo como necesario para la condición de la función de educar inherente a la patria potestad, contemplada en el art. 39 Constitución Española y como contrapartida al deber de obediencia de los hijos hacia sus padres, previsto en el art. 155 C. Civil, únicamente de este modo, los padres pueden, dentro de unos límites, actuar para corregir las conductas inadecuadas de sus hijos. Si consideráramos suprimido el derecho de corrección y bajo su amparo determinadas actuaciones de los padres como dar un leve cachete o castigar a los hijos sin salir un fin de semana, estos actos podrían integrar tipos penales tales como el delito de maltrato o la detención ilegal. (...) En este sentido los comportamientos violentos que ocasionen lesiones -entendidas en el sentido jurídico-penal como aquellas que requieren una primera asistencia facultativa y que constituyan delito- no pueden encontrar amparo en el derecho de corrección. En cuanto al resto de conductas, deberán ser analizadas según las circunstancias de cada caso y si resulta que no exceden los límites de corrección, la actuación no tendrá consecuencias penales ni civiles*».

1.2. Tipo subjetivo en el delito de violencia doméstica o maltrato habitual

Dolo y habitualidad en el delito de violencia doméstica

El **delito de maltrato habitual en el ámbito doméstico**, regulado por el apartado 2 del artículo 173 del Código Penal, se caracteriza por la creación de un clima sostenido de violencia, intimidación y dominación dentro del entorno familiar o convivencial. Como tipo autónomo, exige la concurrencia de un elemento subjetivo específico que refleje la voluntad del autor de mantener en el tiempo ese estado de agresión o menoscabo del entorno relacional protegido.

La habitualidad del tipo delictivo no puede entenderse sin la correspondiente dimensión subjetiva, que dota de unidad a los actos aislados y permite apreciarlos como parte de un proceso continuado de maltrato. Así pues, el delito de violencia doméstica requiere **dolo**, esto es, el conocimiento y la voluntad de ejercer una violencia reiterada contra las personas del círculo protegido. Tanto es así, que el legislador no contempla su comisión por imprudencia, precisamente porque la habitualidad implica un comportamiento mantenido y consciente en el tiempo.

El elemento subjetivo consiste en el **conocimiento y voluntad** del autor de realizar diversas actuaciones violentas (físicas o psíquicas) y de perseverar en ellas pese a conocer su afectación sobre la o las víctimas y en el clima familiar en general.

No se requiere un propósito específico o concreto (dolo específico), ya que el tipo penal se satisface con el **dolo genérico**, bastando simplemente con el conocimiento de los actos violentos y de su reiteración, así como la conciencia de que estos generan un entorno de miedo o dominación.

Por otro lado, la jurisprudencia señala que puede apreciarse **dolo eventual** en alguna de las conductas que integren el maltrato habitual, siempre que estas vayan acompañadas de hechos cometidos con dolo directo. La habitualidad, al ser una situación prolongada, permite inferir el conocimiento del autor sobre el efecto que sus actos provocan en el ambiente familiar. Así, la reiteración en sí misma revela una aceptación consciente del daño y del clima de dominación (STS 232/2015, de 20 de abril, ECLI:ES:TS:2015:1878).

Uno de los aspectos esenciales del elemento subjetivo es el **carácter habitual de la conducta**. El autor debe ser consciente de que sus actos no son hechos aislados, sino que forman parte de un patrón repetido. Este conocimiento se acreditará judicialmente a través de: la persistencia temporal de los actos, la reiteración de comportamientos análogos, el mantenimiento de una dinámica de control u hostigamiento, etc. El autor no solo realiza actos violentos, sino que sabe que estos en su conjunto consolidan un ambiente de miedo, sometimiento o afectación grave de la convivencia familiar.

Por tanto, **no cabe comisión por imprudencia.** Pero sí cabe el **dolo eventual**, es decir, cuando el sujeto asume como probable que su conducta consolidada genere ese ambiente de sometimiento.

En conclusión, el elemento subjetivo del maltrato habitual o violencia doméstica se configura como con dolo genérico, caracterizado por la voluntad consciente del autor de realizar actos violentos y por su conocimiento y aceptación de la habitualidad de los mismos. No requiere intención específica de someter o humillar, pero sí la asunción de un patrón continuado de violencia que genera un clima de dominio, miedo e intimidación en el núcleo familiar.

La reiteración sostenida de la conducta permite inferir el dolo, reforzando la autonomía del tipo y la protección del bien jurídico: la paz familiar y la dignidad de quienes la integran.

1.3. La víctima del delito de violencia doméstica o maltrato habitual

Los sujetos pasivos del delito de maltrato habitual en el ámbito doméstico

El delito de maltrato habitual en el ámbito doméstico se regula en el apartado 2 del artículo 173 del Código Penal y se caracteriza por la creación de un clima de agresión permanente, más allá de la suma de actos individuales. El precepto se orienta a la protección de la paz y la dignidad familiar, comprendiendo a todas las personas que, por su vínculo jurídico o convivencial con el autor/a, puedan resultar víctimas de una situación de dominación o violencia reiterada.

El precepto describe a un sujeto pasivo plural y heterogéneo, fruto de sucesivas reformas legislativas, que extiende la protección penal tanto a los miembros clásicos de la familia como a parejas no convivientes, menores, personas con discapacidad necesitadas de especial protección y personas integradas en el núcleo de convivencia.

Enumeración y análisis de los sujetos pasivos de la violencia doméstica

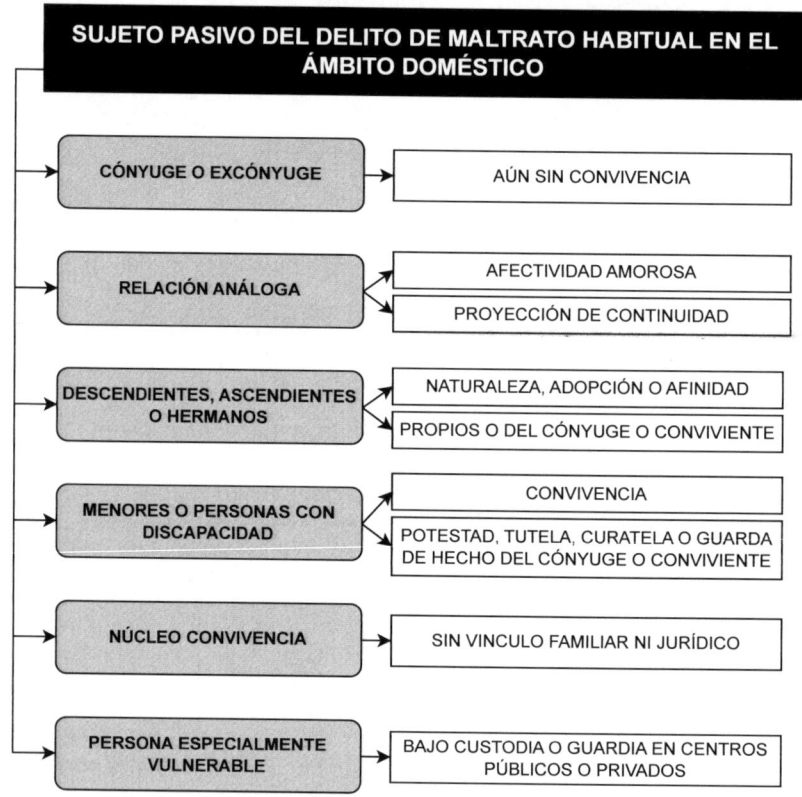

|| El cónyuge o excónyuge como víctima de la violencia doméstica

El tipo penal protege tanto a la persona que es cónyuge como a la que ha sido cónyuge del autor/a. Queda superada la antigua exigencia de convivencia efectiva, bastando la pervivencia de la vinculación afectivo-familiar, aunque ya extinguida, cuando la agresión se produce por razón de la relación previa.

Tal y como establece la sentencia del Tribunal Supremo n.º 47/2020, de 11 de febrero, ECLI:ES:TS:2020:448, «*El sujeto pasivo ha de guardar una relación especial con el agente -que puede ser tanto hombre como mujer- y amplia el mismo: así en relación a la convivencia derivada del matrimonio o relación de afectividad análoga, amplia el tipo a aquellos supuestos en que haya desaparecido el vínculo matrimonial o la convivencia more uxorio al tiempo de producirse la agresión, ya que el tipo penal anterior descansaba sobre una situación presente. Ahora el tipo abarca situaciones en que la convivencia ya no existe, pero la agresión se produce en contemplación a aquellas, los hijos propios o del cónyuge o conviviente, pupilos, ascendientes incapaces que con él convivan o que se hallen sujetos a la potestad, tutela, curatela, acogimiento o guarda de hecho o de derecho; pues convivan o no, se integran en el núcleo familiar*».

|| Relación de análoga afectividad en el delito de violencia doméstica

La categoría de las relaciones de afectividad análoga a la conyugal responde a la necesidad político-criminal de extender la protección del delito de violencia doméstica más allá del matrimonio, evitando que modelos familiares no formalizados queden fuera del ámbito penal de tutela. El fundamento de esta extensión se encuentra en que ciertos vínculos afectivos generan dinámicas convivenciales, emocionales y de dependencia que pueden reproducir los mismos riesgos de dominación, control y violencia que se dan en el ámbito conyugal.

Desde esta perspectiva, la relación análoga debe entenderse como un **vínculo personal y afectivo de naturaleza amorosa**, caracterizado por la existencia de una interacción íntima y estable entre sus integrantes. No se exige necesariamente convivencia ni un proyecto formalizado de vida en común, pero sí una conexión sentimental que traspase la mera amistad o las relaciones circunstanciales. Lo determinante es que entre los miembros de la pareja exista una vinculación afectiva cierta, reconocible y dotada de suficiente intensidad como para generar un ámbito de confianza, cercanía e influencia recíproca en el que la violencia adquiere especial significación lesiva.

Asimismo, esta categoría se fundamenta en criterios materiales: la presencia de una relación personal continuada, la existencia de un vínculo afectivo amoroso, cierto grado de exclusividad o implicación emocional y la creación de un espacio privado que, aunque no necesariamente coincidente con la convivencia, se configura como una esfera íntima donde la violencia impacta de modo cualificado sobre la dignidad y la integridad moral de la víctima.

De este modo quedan excluidas las relaciones puramente esporádicas, ocasionales, indeterminadas o derivadas de la amistad, pues en ellas no existe el entramado emocional y relacional que justifica la reacción penal. En cambio, quedan comprendidas aquellas uniones afectivas no matrimoniales que, aun sin formalización jurídica o proyecto vital definido, comportan una relación de pareja real en la que la violencia puede asentarse como instrumento de dominio o control.

CUESTIÓN

¿Puede considerarse el noviazgo como relación análoga?

La jurisprudencia reciente admite que determinados noviazgos pueden constituir relación análoga cuando exista verdadera **afectividad amorosa, habitualidad en el trato y una mínima proyección de continuidad.**

Por ejemplo, la sentencia del Tribunal Supremo n.º 640/2017, de 28 de septiembre, ECLI:ES:TS:2017:3528, reconoce expresamente que la relación de noviazgo (que en el supuesto de la sentencia duró un año) es considerada como una relación análoga de afectividad. Igualmente, la STS n.º 1376/2011, de 23 de diciembre, ECLI:ES:TS:2011:8962, tras analizar en profundidad el concepto de relación análoga a la conyugal sentencia que no toda relación de amistad o encuentro esporádico puede considerarse como análoga a la conyugal, no obstante, sí lo serán aquellas relaciones de noviazgo con vocación de estabilidad, seriedad e intensidad emocional, que excedan de la mera amistad y presenten una afectividad íntima y personal entre los miembros de la pareja. Se requiere, por tanto, prueba de un cierto grado de compromiso o vínculo afectivo, más allá de lo puramente circunstancial o transitorio. En el caso concreto analizado por la sentencia, la pareja mantuvo una relación de un mes y sin convivencia, pero reunían suficientes elementos de afectividad y vocación de continuidad para considerarse análoga a la conyugal a efectos del precepto penal, máxime cuando la conducta enjuiciada se encontraba motivada por celos y una percepción de dominación derivadas de dicha relación sentimental.

JURISPRUDENCIA

Sentencia del Tribunal Supremo n.º 351/2021, de 28 de abril, ECLI:ES:TS:2021:1732

«Como hemos dicho en SSTS 117/2019, de 1-3; 257/2020, de 28-5: 'la calificación de una relación de pareja como análoga relación de afectividad análoga a la conyugal no está exenta de problemas y ha dado lugar a pronunciamientos jurisprudenciales no siempre coincidentes.

Un criterio de interpretación exigente lo encontramos en la STS 1348/2011, de 14 de diciembre, que señala como notas definidoras de esa relación 'análoga a la conyugal' la continuidad y la estabilidad. La citada sentencia señala que 'a los efectos típicos contemplados en el art. 153 C.P. y en el art. 173 C.P., del matrimonio a las relaciones afectivas análogas, reclama que, en éstas, aun cuando hayan ya cesado en el momento de los hechos, se identifiquen durante su desarrollo las notas de la continuidad y de la estabilidad. Por continuidad debe entenderse la habitualidad en el modo de vida en común que exterioriza un proyecto compartido. La continuidad es compatible, obviamente, con **rupturas** *más o menos breves que no impidan reconocer la existencia de un proyecto finalístico de vida en común. Por su parte, la estabilidad indica o comporta una idea de permanencia en el tiempo....La ausencia de criterios objetivos de determinación obliga a acudir a la valoración de la voluntad o intención de estabilidad de los convivientes que, como todo elemento o dato subjetivo, ha de acreditarse acudiendo a elementos y circunstancias externas que han de ser tratadas como indicios. Su pluralidad, lógica concomitancia y univocidad en la inferencia que se obtenga es lo que permitirá, a la postre, considerar acreditada la estabilidad -por ejemplo, otorgamiento de contratos comunes de arrendamiento o adquisición de vivienda, otro tipo de negocios comunes, existencia de cargas asumidas por los dos, cambios recientes de residencia, cuentas bancarias compartidas, etc.-. Como ejemplo que refuerza las dos anteriores cabe hacer referencia a la notoriedad que supone el comportamiento exteriorizado de los sujetos como pareja y, por ende, su consideración como tal por el entorno. Las legislaciones autonómicas anteriores y un buen número de corporaciones municipales han previsto la creación de registros públicos con una función meramente declarativa de la existencia* *de relaciones de hecho lo que puede, en efecto, facilitar la prueba no solo de la existencia de la relación sino de su carácter estable. Por su parte, la convivencia en un mismo domicilio, si bien no es una nota constitutiva ni decisiva de la equiparación de la relación afectiva con la matrimonial, sí permite apreciar con mayor facilidad las notas definitorias de **continuidad y estabilidad** exigibles para la transferencia de valor normativo. Es cierto que el legislador ha prescindido de la convivencia como dato definitorio de la relación equiparable al matrimonio, pero ello comporta como consecuencia necesaria que cualquier tipo de relación personal presuponga la posibilidad de equiparación entre dicha relación y la que sirve de elemento comparativo de transferencia de efectos, en este caso el matrimonio. No basta, desde luego, convenir sobre la definición de la relación para sin otra consideración otorgarle el mismo valor normativo que legalmente se atribuye al matrimonio. La relación personal debe identificar rasgos de particular intensidad y, sobre todo, notas calificadoras derivadas de la presencia de un **proyecto exteriorizado de vida en común**, aun cuando no reclame convivencia'.*

*En este sentido la STS del Pleno núm. 677/2018, de 20-12, señaló, en relación con el art. 153 CP, que para aplicar la agravación 'los elementos son los referidos a la relación de pareja matrimonial, de hecho asimilable o la no convivencia en supuestos semejantes a los anteriores que hacen aplicable la sanción por hecho de violencia de género a casos que antes no se incluían, como los referidos a aquellas parejas que no conviven pero que tienen una relación análoga a las anteriores, lo que lleva a admitir especiales situaciones que en su momento eran calificadas de 'noviazgo' y ahora se interpretan en un sentido más abierto y extenso, **sin necesidad de exigirse para ello un proyecto de vida en común**'».*

Descendientes, ascendientes y hermanos como víctimas de la violencia doméstica

El precepto legal incluye expresamente a los descendientes, ascendientes o hermanos, **por naturaleza, adopción o afinidad**. Todos ellos **propios o del cónyuge o conviviente**. Así pues, este concepto incluye tanto parentesco consanguíneo como por afinidad, reflejo del concepto amplio de familia protegido por el precepto.

La STS n.º 47/2020, de 11 de febrero, ECLI:ES:TS:2020:448, recuerda que también incluyen a «*(...) los hijos propios o del cónyuge o conviviente, pupilos, ascendientes incapaces que con él convivan o que se hallen sujetos a la potestad, tutela, curatela, acogimiento o guarda de hecho o de derecho de uno u otro*».

Menores o personas con discapacidad necesitadas de especial protección como víctimas de la violencia doméstica

Entran en el tipo penal los menores que **convivan con el autor o que estén sujetos a potestad, tutela, curatela, acogimiento o guarda de hecho del autor o del cónyuge o conviviente**. En las mismas circunstancias se incluye a las personas con discapacidad necesitadas de especial protección. Es evidente que, por su especial vulnerabilidad, estos sujetos merecen una tutela reforzada.

Personas integradas en el núcleo de convivencia familiar como víctimas de la violencia doméstica

El tipo penal abarca a aquellas personas que, **sin ostentar vínculos familiares o jurídicos**, forman parte estable del hogar. Por ejemplo, sujetos integrados funcionalmente en el núcleo convivencial como amigos o conocidos que conviven de manera prolongada, novios/as de hijos/as que residen en el domicilio familiar, cuidadores o asistentes personales con convivencia completa, estudiantes alojados mediante acuerdos...

Personas especialmente vulnerables en centros públicos o privados como víctimas de la violencia doméstica

Esta ampliación protege a personas en residencias, centros asistenciales, de protección o internamiento, de personas con discapacidad, etc. En este caso no se exige vínculo afectivo, solo la situación de sujeción a **custodia o guarda**.

Sujeto pasivo plural de la violencia doméstica

El sujeto pasivo de este delito puede ser una o varias personas del entorno convivencial al mismo tiempo. La jurisprudencia ha reiterado que el bien jurídico protegido trasciende la integridad personal de un individuo concreto y se orienta a salvaguardar la paz familiar, la dignidad de los miembros del núcleo convivencial y la preservación del ambiente relacional libre de dominación y violencia. Así pues, se caracteriza el tipo penal por la presencia de un sujeto pasivo plural, esto es, un conjunto de personas integradas en el núcleo convivencial afectado por un clima continuado de violencia, dominación o sujeción.

El Tribunal Supremo ha descrito el delito como un **delito de estado**, en el que la ilicitud penal no se agota con actos concretos de agresión o maltrato, sino que surge de la creación de una situación antijurídica global y prolongada, un ambiente habitual de violencia que afecta a todas las personas sometidas a ese círculo convivencial (SSTS n.º 66/2021, de 28 de enero, ECLI:ES:TS:2021:232 y n.º 537/2023, de 4 de julio, ECLI:ES:TS:2023:3244, entre otras).

La propia ley penal refuerza esta idea al disponer en el apartado 3 del artículo 173 del CP que la habitualidad puede apreciarse con independencia de que la violencia se ejerza sobre una misma o distintas víctimas pertenecientes al grupo protegido, y aun cuando determinados actos no hayan sido objeto de enjuiciamiento previo. Todo ello evidencia que lo relevante es la creación de una situación duradera de violencia en el seno familiar.

Sujeto pasivo en el apartado 4 del artículo 173 del CP

El apartado 4 menciona las injurias y las vejaciones injustas leves cuando el ofendido sea una de las personas mencionadas en el apartado 2 del artículo 173 del Código Penal. Por tanto, el sujeto pasivo es el mismo elenco que en el apartado 2, lo cual refuerza la voluntad del legislador de proteger estos entornos familiares y afectivos de manera amplia.

1.4. El sujeto activo de la violencia doméstica

Naturaleza del sujeto activo de la violencia doméstica

El delito de maltrato habitual en el ámbito doméstico viene recogido en el apartado 2 del artículo 173 del Código Penal y se configura como un **delito**

especial propio, es decir, únicamente puede ser cometido por quien se halle en una relación específica de convivencia, afectividad, autoridad o custodia con la víctima o víctimas protegidas por el precepto legal. Es precisamente esta posición relacional la que permite al autor generar el clima de violencia física o psíquica que caracteriza el delito.

Aun con todo, no se exige que el sujeto activo sea conviviente en el momento de los hechos, ni que ostente formalmente un vínculo jurídico; basta con que exista una relación actual o pasada que permita afirmar una posición de cercanía o influencia sobre el entorno protegido.

El sujeto activo del delito de maltrato habitual en el ámbito doméstico

El actor del delito se conforma de manera amplia y deberá siempre ejercer habitualmente violencia física o psíquica sobre alguna de las personas protegidas. Así pues, podrá ser sujeto activo:

1. **Cónyuge o excónyuge.** Se incluye el matrimonio vigente o extinguido, sin exigencia de convivencia actual.

2. **Persona ligada por relación de afectividad análoga.** Las parejas no casadas ni convivientes, incluyendo noviazgos estables, así como las relaciones sentimentales con intensidad y continuidad acreditadas pueden ser sujetos activos del delito.

3. **Familiares.** Ascendientes, descendientes y hermanos, por naturaleza, adopción o afinidad, propios o del cónyuge o conviviente.

4. **Convivientes.** Cualquier persona integrada en la convivencia familiar que ejerza violencia habitual sobre sus miembros.

5. **Titulares de potestad, tutela, curatela, acogimiento o guarda.** Cuando la violencia se ejerce sobre menores o personas con discapacidad necesitadas de especial protección.

6. **Personas integradas de facto en el núcleo convivencial.** Sujetos sin vínculo jurídico ni familiar, por ejemplo, cuidadores internos, personas acogidas, parejas de hijos...

7. **Responsables en centros públicos o privados.** Quien tenga bajo su custodia o guarda a personas especialmente vulnerables.

|| Sujeto activo y habitualidad

El apartado 3 del artículo 173 del Código Penal determina que la **habitualidad** se apreciará atendiendo «*(...) al número de actos de violencia que resulten acreditados, así como la proximidad temporal de los mismos, con independencia de que dicha violencia se haya ejercido sobre la misma o diferentes víctimas de las comprendidas en este artículo, y de que los actos violentos hayan sido o no objeto de enjuiciamiento en procesos anteriores*». Este precepto incide en el sujeto activo al evidenciar que lo relevante es su capacidad para **generar un entorno global de violencia**, y no la reiteración sobre una única persona. El autor es, por tanto, quien crea un microclima de dominación en el seno familiar convivencial.

Para apreciar la habitualidad a que se refiere el apartado anterior se atenderá al número de actos de violencia que resulten acreditados, así como a la proximidad temporal de los mismos, con independencia de que dicha violencia se haya ejercido sobre la misma o diferentes víctimas de las comprendidas en este artículo, y de que los actos violentos hayan sido o no objeto de enjuiciamiento en procesos anteriores.

Así pues, la habitualidad, y por tanto la autoría del delito, puede afirmarse incluso si alguno de los actos violentos no ha sido enjuiciado previamente, no se dirige siempre a la misma víctima o se intercalan con periodos de aparente normalidad.

|| **Sujeto activo de las injurias y vejaciones injustas leves**

El apartado 4 del artículo 173 del Código Penal prevé un subtipo para injurias o vejaciones leves cometidas contra las mismas personas protegidas por el apartado 2. En este caso, **el sujeto activo es idéntico**, aunque la conducta típica es menos intensa y no exige habitualidad.

1.4.1. El menor como sujeto activo del delito de violencia doméstica

El menor como sujeto activo del delito de violencia doméstica

¿Puede un menor cometer delito de maltrato habitual en el ámbito doméstico? Sí, un menor puede ser considerado autor de violencia doméstica siempre que la conducta reúna los requisitos típicos del apartado 2 del artículo 173 del Código Penal. El sujeto activo de este delito no exige la mayoría de edad, sino la existencia de una relación familiar, convivencial o de guarda susceptible de generar un clima de violencia habitual. Por tanto, un menor puede cometer el delito cuando dirige la conducta reiterada de agresiones físicas o psíquicas contra personas del núcleo familiar, incluidos sus padres biológicos o adoptivos.

La sentencia del Juzgado de Menores de Barcelona n.º 280/2013, de 17 de diciembre, ECLI:ES:JMEB:2013:119, constituye un claro ejemplo: un menor de 16 años fue condenado por un delito de violencia doméstica habitual tras seis años de insultos, amenazas y episodios de agresión hacia sus padres adoptivos, especialmente hacia su madre. Aunque no constaban lesiones físicas, la reiteración de amenazas graves y agresiones verbales configuró el clima de violencia exigido por el tipo penal. En aplicación de la LORPM, se impuso al menor una medida de libertad vigilada durante 20 meses, con tratamiento terapéutico ambulatorio, adaptada a su edad y circunstancias personales.

CUESTIÓN

¿Puede cometer el delito una persona menor de edad contra su pareja si no conviven juntos?

Sí, una persona menor puede cometer el delito de maltrato habitual contra su pareja siempre que entre ambos exista una relación de afectividad análoga a la conyugal, en los términos exigidos por el apartado 2 del artículo 173 del Código Penal. Solo se exige una relación sentimental real, estable y significativa, que permita la configuración de un clima habitual de violencia.

1.4.2. La comisión por omisión

La comisión por omisión en el delito de violencia doméstica

¿Puede cometerse el delito por omisión? Sí, puede cometerse el delito de maltrato habitual en el ámbito doméstico por omisión siempre que el sujeto que omite actuar tenga una posición de garante que le obligue jurídicamente a evitar el resultado o impedir la continuidad del maltrato. La STS n.º 640/2021, de 15 de julio, ECLI:ES:TS:2021:3032, es un ejemplo de este supuesto. En el caso sentenciado, una menor sufría castigos físicos y psicológicos reiterados por parte del hermano de su padrastro. El tribunal condenó por este delito al padrastro de la menor, pese a que él no ejecutó directamente los actos violentos, ya que conocía los abusos a través de grabaciones que le mandaba su hermano, convivía con la menor y formaba parte del núcleo familiar y, en esta condición, tenía el deber jurídico de proteger y evitar la reiteración del maltrato. Así pues, la omisión resulta penalmente relevante debido a que la inactividad del padrastro contribuyó a la permanencia del clima habitual de violencia. El tribunal subraya que, en estos supuestos, la posición de garante basta para integrar el elemento subjetivo del autor por omisión.

1.5. La relación entre el delito de maltrato singular del art. 153 y el delito de violencia doméstica del art. 173.2

Configuración general de ambos delitos

El artículo 153 del Código Penal tipifica el **delito de maltrato singular** sancionando los actos aislados de violencia física o psíquica que, aun sin causar lesiones relevantes, se dirigen contra determinadas personas del entorno familiar o afectivo. Se trata de un delito de resultado mínimo, centrado en cada conducta individualmente considerada.

Por otro lado, el apartado 2 del artículo 173 del Código Penal recoge el **delito de maltrato habitual en el ámbito doméstico**, figura autónoma que no busca castigar actos aislados, sino la creación de un clima continuado de violencia, dominación y humillación, proyectado sobre uno o varios miembros del núcleo familiar.

1.5.1. Diferencias y coincidencias en el bien jurídico protegido

El bien jurídico protegido: diferencias y coincidencias

Aunque ambos preceptos protegen **aspectos relacionados con la integridad física y moral, la violencia habitual posee una dimensión más amplia**. Así pues, la violencia doméstica afecta a la estructura misma de la convivencia, erosionando el respeto debido entre sus miembros y generando un continuo estado de sometimiento.

La jurisprudencia del Tribunal Supremo ha insistido en que la **violencia doméstica** constituye «*un aliud distinto de los concretos actos de agresión*», de modo que, el bien jurídico no se limita a la integridad física o psíquica, sino que se extiende «*(...) a la **dignidad de la persona, al libre desarrollo de la personalidad** (art. 10 CE), que tiene su consecuencia lógica en el derecho, no solo a la vida sino a la integridad física y moral con interdicción de los tratos inhumanos o degradantes, y en el derecho a la seguridad (art. 15 y 17 CE) con afectación de principios rectores de la política social y económica, como la protección de la familia y la infancia (art. 39 CE)*» (STS n.° 257/2020, de 28 de mayo, ECLI:ES:TS:2020:1664).

1.5.2. La habitualidad como elemento diferenciador

La habitualidad como elemento diferenciador

La clave para diferenciar ambos delitos es la **habitualidad**. No se exigirá un número mínimo de actos, sino la acreditación de un estado continuado de agresión, humillación o intimidación. La jurisprudencia ha abandonado la idea de cuantificar los actos violentos: «*La habitualidad no es problema aritmético de número mínimo de comportamientos individualizados que han de sumarse hasta alcanzar una determinada cifra. Menos aún puede exigirse un número concreto de denuncias. Responde más a un clima de dominación o intimidación, de imposición y desprecio sistemático que los hechos probados describen de forma muy plástica y viva. La jurisprudencia de esta Sala ha forjado una línea doctrinal indicando que la apreciación de ese elemento no depende de la acreditación de un número específico de actos violentos o intimidatorios. Lo determinante es crear una atmósfera general de esa naturaleza, que trasluzca un afianzado sentimiento de superioridad y de dominio hacia la víctima, lo que será producto de una reiteración de violencia psíquica o física de diversa entidad, a veces nimia, pero cuya repetición provoca esa situación que permite hablar de habitualidad*» (STS n.° 663/2015, de 28 de octubre, ECLI:ES:TS:2015:4679). Igualmente, la STS n.° 232/2015, de 20 de abril, ECLI:ES:TS:2015:1878, expresa que:

> «Gana terreno y se consolida en la doctrina de esta Sala la línea que considera que lo relevante no es el número de actos violentos o que estos

excedan un mínimo, sino la relación entre autor y víctima, más la frecuencia con que ello ocurre, esto es, la permanencia del trato violento, de lo que se deduce la necesidad de considerarlo como delito autónomo».

A mayores, la sentencia del Tribunal Supremo n.º 180/2020, de 19 de mayo, ECLI:2020:2489, alude a que «(...) *la realidad que el tipo penal pretende aprehender no es la mera acumulación o sucesión de actos violentos, sino -tal como viene asumiendo la doctrina y la jurisprudencia- la existencia de un clima de sometimiento y humillación hacia los integrantes del entorno familiar. Así, puede decirse que el elemento típico de la habitualidad incorpora un componente añadido de lesividad que transciende el que se derivará de la suma de los actos aislados de violencia, en tanto en cuanto la continuidad en el trato violento hacia uno o varios de los miembros del grupo familiar comportan un elemento diferencial que se puede cifrar en el menoscabo de la seguridad y libertad tanto de la víctima o víctimas directas de los actos violentos como, en su caso, de los demás integrantes del grupo familiar, que quedan igualmente afectados por esta atmósfera de sometimiento y continua vejación*».

Así pues, la conducta del apartado 2 del artículo 173 del Código Penal no es una suma de actos singulares, sino un delito autónomo, con entidad propia y resultado típico diferente: la creación de un clima continuado de violencia.

1.5.3. Compatibilidad entre ambos delitos

Compatibilidad entre el delito de maltrato habitual y el maltrato singular

La relación entre ambos delitos no es la de concurso de normas, sino la de **concurso real** cuando concurren en los mismos hechos. Tal y como expresa la ya mencionada sentencia del Tribunal Supremo n.º 257/2020, de 28 de mayo, ECLI:ES:TS:2020:1664:

> «Por ello, el art. 173 es compatible con la sanción separada de los distintos hechos violentos ejercidos sobre la víctima. De manera constante ha destacado la jurisprudencia que la violencia física y psíquica a que se refiere el tipo es algo distinto de los concretos actos violentos o vejatorios aisladamente considerados y que el bien jurídico es mucho más amplio y relevante que el mero ataque a la integridad. Quedan afectados valores inherentes a la persona y dañado el primer núcleo de toda sociedad, el familiar, (...), que incide en el dato definitivo que hace que resulten penalmente desvirtuados y sean perfectamente compatibles los hechos delictivos del art. 153 y 173 CP, cual es el hecho que en este último precepto se incluye una cláusula que justifica el concurso real de infracciones, cuando después de describir el maltrato habitual se dice: '...sin perjuicio de las penas que pudieran corresponder a los delitos en que se hubieran concretado los actos de violencia física y psíquica».

Por ende, **los actos de violencia aislada serán castigados conforme al artículo 153 del Código Penal** (u otros preceptos, según su gravedad), mientras que el **estado de sometimiento permanente se castiga** de manera autónoma **conforme al apartado 2 del artículo 173 del Código Penal.** De esta forma, el maltrato habitual o violencia doméstica no absorbe ni desplaza las agresiones concretas, ya que **son realidades distintas** que responden a la protección de bienes jurídicos parcialmente coincidentes, pero con un contenido de protección más amplio el delito de maltrato habitual.

2.
LA LEY ORGÁNICA 1/2004, DE 28 DE DICIEMBRE, DE MEDIDAS DE PROTECCIÓN INTEGRAL CONTRA LA VIOLENCIA DE GÉNERO

Ley Orgánica de Medidas de Protección Integral contra la Violencia de Género

La LO 1/2004, de 28 de diciembre, de Medidas de Protección Integral contra la Violencia de Género, constituye un marco normativo pionero en España y en Europa diseñado para abordar de manera integral la violencia de género. Su creación responde a la necesidad urgente de dotar al ordenamiento jurídico español de herramientas eficaces para prevenir, sancionar y erradicar esta forma de violencia, así como para proteger y asistir a las víctimas y sus familiares.

Esta ley tiene como **objetivo** principal combatir la violencia que se ejerce sobre las mujeres como manifestación de la discriminación, la desigualdad y las dinámicas de poder de los hombres sobre ellas. Este tipo de violencia incluye actos físicos, psicológicos, agresiones sexuales, amenazas, coacciones y privaciones arbitrarias de libertad, entre otros. Además, se extiende a la violencia ejercida sobre familiares o allegados menores de edad o con discapacidad con el propósito de causar daño a la mujer (violencia vicaria).

|| Bien jurídico protegido

Los bienes jurídicos protegidos por esta norma son los siguientes **derechos fundamentales** recogidos en la Constitución española:

- Derecho a la **igualdad**, art. 14 de la CE: «*Los españoles son iguales ante la ley, sin que pueda prevalecer discriminación alguna por razón de nacimiento, raza, sexo, religión, opinión o cualquier otra condición o circunstancia personal o social*».

- Derecho a la **vida** y a la **integridad** física y moral, art. 15 de la CE: «*Todos tienen derecho a la vida y a la integridad física y moral, sin que, en ningún caso, puedan ser sometidos a tortura ni a penas o tratos inhu-*

manos o degradantes. Queda abolida la pena de muerte, salvo lo que puedan disponer las leyes penales militares para tiempos de guerra».

- Derecho a la **libertad** y **seguridad**, apartado 1 del art. 17 de la CE: *«Los españoles son iguales ante la ley, sin que pueda prevalecer discriminación alguna por razón de nacimiento, raza, sexo, religión, opinión o cualquier otra condición o circunstancia personal o social».*

Para garantizar estos derechos, la norma establece **medidas específicas** que promueven su efectividad y protección.

A TENER EN CUENTA. La razón por la cual esta norma reviste el carácter de ley orgánica es que desarrolla derechos fundamentales, —art. 81 de la CE1: «Son leyes orgánicas las relativas al desarrollo de los derechos fundamentales y de las libertades públicas, (...)».

|| Principios inspiradores de la LO 1/2004, de 28 de diciembre

La Ley Orgánica 1/2004, de 28 de diciembre, se fundamenta en dos principios esenciales:

| 1. Protección integral de la víctima

La Constitución establece, en su artículo 15, el derecho de todos a la vida y a la integridad física y moral, prohibiendo los tratos inhumanos o degradantes. De igual modo, en el artículo 14, reconoce el principio de igualdad ante la ley y la prohibición de discriminación, lo que fundamenta la necesidad de una protección especial a las mujeres víctimas de violencia de género. Desde esta perspectiva, una protección integral **implica acciones en distintos órdenes:**

- **Jurídico**: garantía de tutela judicial efectiva (art. 24 de la CE), acceso a la justicia gratuita para quienes carecen de recursos (art. 119 de la CE), y el deber de los poderes públicos de remover obstáculos que dificulten la libertad y la igualdad (art. 9.2 de la CE).

- **Social** y asistencial: derecho a la asistencia social en situaciones de necesidad (art. 41 de la CE), a la protección social, económica y jurídica de la familia (art. 39 de la CE) y el deber de los poderes públicos de promover condiciones favorables para el progreso social y la dignidad (arts. 9, 10, 39 y 53 de la CE).

- **Educativo**: reconocimiento del derecho a la educación y la obligación de asegurar la formación en valores democráticos y de igualdad (artículos 27 y 14).

Todo ello configura un **sistema de tutela que trasciende de la simple respuesta penal**, para alcanzar medidas de prevención, asistencia y recuperación de las víctimas, en coherencia con lo previsto en la Constitución.

| 2. Transversalidad de los derechos y medidas

La Constitución prevé en el apartado 2 de su artículo 9 que corresponde a los poderes públicos facilitar la participación de todos los ciudadanos en la vida política, económica, cultural y social, y remover los obstáculos que impiden o dificultan la libertad y la igualdad. En consecuencia, la LO 1/2004, de 28 de diciembre, apuesta por la aplicación transversal de los derechos consagrados en la Constitución, de tal forma que:

- En materia **penal**: se establecen disposiciones específicas para la tipificación y sanción de los delitos de violencia de género, conforme al principio de legalidad (art. 25 de la CE).

- En el ámbito **civil**: se articula la protección y la asistencia a la víctima en los procesos civiles (por ejemplo, familia, custodia, vivienda), conectando con el derecho a la igualdad y a la tutela judicial efectiva (arts. 14 y 24 de la CE).

- En el ámbito **laboral y social**: se facilitan medidas de protección para compatibilizar el ejercicio de derechos laborales y la protección a la víctima, en línea con el derecho al trabajo y a la protección social (arts. 35 y 41 de la CE).

- En el ámbito **administrativo**: se prevé la coordinación de las administraciones y la aplicación de actuaciones en el ámbito educativo, sanitario, servicios sociales, etc.

De este modo, **las medidas y derechos se aplican de forma coordinada y multidisciplinar**, cumpliendo con el mandato constitucional de asegurar la igualdad real y efectiva, así como la protección de las víctimas en todos los aspectos fundamentales de su vida.

|| Derechos reconocidos y medidas de protección

Esta norma reconoce una serie de derechos específicos para las víctimas.

| LO 1/2004, DE 28 DE DICIEMBRE, TÍTULO II |
| DERECHOS DE LAS VÍCTIMAS DE VIOLENCIA DE GÉNERO |

CAPÍTULO I (arts. 17 - 20) Derecho a la información, a la asistencia social integral y a la asistencia jurídica gratuita	• Garantía de los derechos de las víctimas • Derecho a la información • Derecho a la atención integral • Derecho a la atención sanitaria • Asistencia jurídica
CAPÍTULO II (arts. 21 - 23) Derechos laborales y prestaciones de la SS	• Derechos laborales y de Seguridad Social • Programa específico de empleo • Acreditación de situaciones de violencia de género
CAPÍTULO III (arts. 24 - 26) Derechos de las funcionarias públicas	• Ámbito de los derechos • Justificación de las faltas de asistencia • Acreditación de las situaciones de violencia de género ejercida sobre las funcionarias
CAPÍTULO IV (arts. 27 y 28) Derechos económicos	• Ayudas sociales • Acceso a la vivienda y residencias públicas para mayores
CAPÍTULO V (arts. 28 bis y 28 ter) Derecho a la reparación	• Alcance y garantía del derecho • Medidas para garantizar el derecho a la reparación

‖ Evolución de la norma

Desde su entrada en vigor, la Ley Orgánica 1/2004, de 28 de diciembre, ha sido objeto de modificaciones y desarrollos legislativos para adaptarse a las necesidades emergentes y corregir posibles deficiencias en la protección de las víctimas. De entre las **reformas** operadas, destacamos las más recientes:

- **LO 10/2022, de 6 de septiembre, de garantía integral de la libertad sexual:** mediante su D.A. 9.ª, esta norma refuerza los derechos, garantías y recursos para las víctimas de violencia de género, imponiendo mayor protección, acceso integral a servicios, reparación efectiva y una respuesta institucional más coordinada y adaptada a las múltiples necesidades derivadas de estas situaciones.

  » **Refuerzo de la protección y derechos de las víctimas:** se garantiza la igualdad de acceso y la efectividad de los derechos reconocidos para las mujeres víctimas de violencia de género, incluyendo el acceso a información, asistencia social integral, asesoramiento jurídico y atención sanitaria, especialmente para mujeres con discapacidad o en situación de vulnerabilidad.

  » **Planes de sensibilización y prevención:** se establece un Plan Estatal permanente de sensibilización y prevención, sujeto a control mediante comisión participativa, asegurando campañas y formación continua de profesionales en la materia.

  » **Acceso a servicios esenciales:** los servicios de atención, acogida y asesoramiento se consideran esenciales e ininterrumpidos, debiendo adaptarse a las necesidades específicas de las víctimas y garantizando la atención a menores bajo su guarda.

  » **Derechos laborales y de Seguridad Social:** las víctimas acceden a medidas laborales como reducción/reordenación de jornada, cambio de centro de trabajo, suspensión/extinción del contrato con situación legal de desempleo, ayudas y bonificaciones a empresas, y protección especial para trabajadoras autónomas.

  » **Acreditación de la condición de víctima:** se amplían los medios de acreditación a sentencias, órdenes de protección, resoluciones judiciales, informes de Fiscalía o de servicios sociales especializados, conforme a normativas sectoriales.

  » **Derecho a la reparación:** incluyendo compensación económica, recuperación física/psíquica/social, reparación simbólica y garantías de no repetición, estableciendo indemnización y ayudas complementarias en casos graves o específicos.

  » **Planes, protocolos y coordinación institucional:** se refuerza la colaboración interadministrativa, la formación obligatoria de operadores jurídicos y sanitarios, y se establecen protocolos integrales de actuación, haciendo énfasis en colectivos vulnerables y zonas rurales.

  » **Protección de menores:** se refuerza la posibilidad de suspender el régimen de visitas del inculpado por violencia de género respecto de los menores, priorizando siempre el interés superior del menor.

» Entre **otras mejoras**, cabe mencionar las operadas en el Fondo de Garantía de Pensiones de Alimentos y se garantiza la realización periódica de la Macroencuesta de Violencia contra la Mujer.

- **LO 8/2021, de 4 de junio, de protección integral a la infancia y la adolescencia frente a la violencia:** en su D.F. 10.ª, amplió el concepto de violencia de género para abarcar actos de violencia contra menores que tengan por objeto perjudicar a las mujeres, incrementando así la protección legal tanto para las mujeres como para sus familiares menores de edad (**violencia vicaria**). Para ello, añade un nuevo apartado 4 al artículo 1 de la LO 1/2004, de 28 de diciembre, de Medidas de Protección Integral contra la Violencia de Género.

- **RD-ley 9/2018, de 3 de agosto, de medidas urgentes para el desarrollo del Pacto de Estado contra la violencia de género:** su artículo único introdujo en la LO 1/2004, medidas que refuerzan la protección procesal y social de las víctimas de violencia de género, facilitando la acreditación de su situación, y garantizando una mayor coordinación y compatibilidad en la concesión de ayudas.

  » **Reforzamiento de la asistencia jurídica** a las víctimas, imponiendo a los Colegios de Abogados la obligación de designar urgentemente letrado/a de oficio para asegurar su inmediata presencia y asistencia. Se establece la obligación equivalente para los Colegios de Procuradores, que designarán procurador/a en cuanto la víctima desee personarse como acusación particular. El abogado/a designado para la víctima podrá representar procesalmente a la misma hasta la designación de procurador/a y personación formal, y se posibilita que la víctima pueda personarse como acusación particular en cualquier momento del procedimiento, sin que esta personación retrotraiga ni repita actuaciones ya practicadas ni menoscabe el derecho de defensa del acusado.

  » **Ampliación y concreción de los medios de acreditación** de situaciones de violencia de género: de este modo, además de las sentencias, resoluciones judiciales y órdenes de protección, podrán presentarse informes del Ministerio Fiscal, de servicios sociales, servicios especializados o de acogida, así como cualquier título previsto normativamente para el acceso a derechos y recursos.

  » **Se modifica el cálculo de la ayuda económica**, a las víctimas. Estas ayudas serán compatibles con otras previstas en la Ley 35/1995, de 11 de diciembre, de ayudas y asistencia a las víctimas de delitos violentos y contra la libertad sexual, y con cualquier ayuda económica autonómica o local concedida por la situación de violencia de género.

- **LO 8/2015, de 22 de julio,** de modificación del sistema de **protección a la infancia y a la adolescencia:** con el objetivo de reforzar la protección de los menores expuestos a situaciones de violencia de género, introdujo las reformas previstas en su D.F. 3.ª

  » **Reconocimiento de los menores como víctimas:** la Ley Orgánica 1/2004 para reconocer expresamente la condición de víctimas de violencia de género a los hijos menores y a los menores sujetos a tutela, guarda o custodia de las mujeres víctimas de esta violencia. Se enfatiza la finalidad de proteger integralmente tanto a la mujer como a los menores.

» **Pronunciamiento judicial sobre medidas de protección**: se establece la obligatoriedad para el juez competente de pronunciarse en todos los procedimientos relacionados con violencia de género, de oficio o a instancia de parte, sobre la necesidad de adoptar medidas cautelares y de aseguramiento, con especial atención a las medidas civiles que afectan a los menores dependientes de la mujer víctima, especificando su plazo, régimen de cumplimiento y posibles medidas complementarias.

» **Suspensión de la patria potestad o custodia**: se permite al tribunal suspender, respecto al agresor, el ejercicio de la patria potestad, guarda y custodia, acogimiento, tutela, curatela o guarda de hecho sobre los menores que de él dependan. Si no se acuerda la suspensión, el tribunal deberá pronunciarse de manera detallada sobre la forma de ejercicio de estos derechos y adoptar las medidas necesarias para la protección y recuperación tanto de los menores como de la mujer, con seguimiento periódico de su evolución.

» **Suspensión del régimen de visitas, estancia o comunicación**: facultando al tribunal para suspender el régimen de visitas, estancia, relación o comunicación del inculpado respecto de los menores dependientes de él. Si no se ordena la suspensión, el tribunal debe pronunciarse sobre la forma de ejercicio de estos derechos y adoptar medidas de protección adecuadas, así como realizar un seguimiento periódico de la situación.

» **Enfoque integral de la protección de los menores**: la reforma amplía la concepción de la protección de los menores, superando la visión limitada del régimen de visitas y entendiendo de forma global las diferentes formas de relación y comunicación entre los menores y el agresor, adaptando así la protección judicial a la realidad de cada caso.

En suma, la ley refuerza el reconocimiento de los menores como víctimas de la violencia de género y consolida la obligación judicial de valorar y garantizar su protección integral, no solo en el ámbito de las medidas cautelares, sino también en el ejercicio de los derechos de patria potestad, custodia y comunicación respecto del agresor.

|| Disposiciones en materia de tutela penal para las víctimas

El título IV de la Ley Orgánica 1/2004, de 28 de diciembre, abarca sus arts. 33 a 42, y establece medidas específicas en el ámbito penal para garantizar la tutela de las víctimas de violencia de género, asegurando una respuesta eficaz por parte del sistema judicial mediante la especialización judicial, la adopción de medidas de protección y la coordinación institucional.

• **Especialización de los órganos judiciales**: establece la creación de juzgados —secciones— de violencia sobre la mujer, especializados/as en la instrucción y resolución de casos relacionados con violencia de género. Estos órganos cuentan con competencias exclusivas en materia penal y civil para garantizar una atención integral y especializada a las víctimas.

- **Medidas de protección y acompañamiento**: prevé medidas cautelares y de protección para las víctimas, como órdenes de alejamiento y prohibición de comunicación con el agresor, con el objetivo de evitar situaciones de riesgo y garantizar la seguridad de las mujeres afectadas.

- **Tutela penal reforzada**: introduce agravantes específicas en los delitos relacionados con la violencia de género, así como la posibilidad de adoptar medidas de suspensión de penas en casos de violencia contra la mujer, con el fin de proteger a las víctimas y prevenir la reincidencia.

- **Coordinación institucional**: fomenta la colaboración entre las distintas administraciones públicas y organismos implicados en la lucha contra la violencia de género, garantizando una respuesta integral y coordinada para la protección de las víctimas.

‖ Reformas que introdujo en el Código Penal

La LO 1/2004, de 28 de diciembre, que operó modificaciones en diversas normas de nuestro ordenamiento jurídico, introdujo en el CP las siguientes:

1.- Introducción de **subtipos agravados** por razón de género en los delitos de lesiones, maltrato, amenazas y coacciones, y trato degradante o delito contra la integridad moral.

- Lesiones (art. 148.4.º de CP): agravación de la pena del tipo básico del art. 147.1 del CP si se demuestra que las lesiones se han producido en un contexto de violencia de género, atendiendo al resultado causado o riesgo producido.

- Maltrato psíquico, lesiones menos graves o maltrato de obra (art. 153.2 del CP): incremento de la pena cuando concurra violencia de género, subrayando la gravedad de la afectación psicológica en este contexto.

- Amenazas (art. 171.4 del CP): aumento de la pena si las amenazas se producen en un marco de violencia de género, considerando la relación de dominación y sometimiento que caracteriza estos casos.

- Coacciones (art. 172.2 del CP): estas se agravan en circunstancias de violencia de género, reconociendo el impacto de estas conductas en la libertad de la víctima.

- Trato degradante (art. 173.2 del CP): la violencia de género se incluye dentro de la violencia doméstica, con la particularidad de que, en caso de violencia de género, bastará un solo acto de violencia para que se considere delito, mientras que en otros supuestos se requiere habitualidad.

A TENER EN CUENTA. Otros subtipos agravados por razón de violencia de género han sido introducidos en posteriores reformas.

2.- Limitación de la **sustitución de la pena** en casos de violencia de género (art. 88 del CP), priorizando medidas que garanticen la protección de las
víctimas.

3.- Inclusión de agravantes específicas en casos de **quebrantamiento de
medidas de protección** a la víctima (art. 468 del CP).

|| Conclusión

La Ley Orgánica 1/2004, de 28 de diciembre, de Medidas de Protección
Integral contra la Violencia de Género, constituye un **hito en el ordenamiento
jurídico español al abordar de manera integral la violencia de género como
una manifestación de la discriminación y desigualdad estructural que históricamente han sufrido las mujeres.** Esta norma reconoce la violencia de género como una violación de los derechos humanos, inspirándose en el Convenio de Estambul, y la define como aquella que se ejerce sobre las mujeres
por el hecho de serlo, afectando su libertad, respeto y capacidad de decisión.

La LO 1/2004, de 28 de diciembre, como hemos visto, introduce medidas
específicas para garantizar la protección integral de las víctimas, incluyendo
la creación de juzgados especializados en violencia sobre la mujer, el refuerzo del marco penal y procesal, y la mejora de la tutela institucional mediante
la Delegación Especial del Gobierno y el Observatorio Estatal de Violencia
sobre la Mujer. Además, establece derechos transversales para las víctimas,
que se extienden a diversas áreas del ordenamiento jurídico, como el acceso
a asistencia jurídica gratuita y servicios de apoyo.

La constitucionalidad de los tipos agravados en el CP, así como las penas
agravadas por violencia de género, ha sido confirmada por el Tribunal Constitucional en la STC n.º 59/2008, de 14 de mayo, ECLI:ES:TC:2008:59, que reconoce que estas agresiones tienen un «*desvalor adicional discriminatorio*»,
debido a las relaciones de poder y desigualdad que las sustentan.

En conclusión, la LO 1/2004, de 28 de diciembre, representa un avance
significativo en la lucha contra la violencia de género, al integrar medidas de
prevención, protección y sanción, y al reconocer la necesidad de abordar este
fenómeno desde una perspectiva integral y multidisciplinar, en cumplimiento
de los compromisos internacionales y constitucionales de nuestro país.

3.
EL DELITO DE VIOLENCIA DE GÉNERO

Concepto de violencia de género

Si bien nuestro CP no contiene una definición de «violencia de género», esta puede inferirse de lo dispuesto en otras normas. Basándose en el art. 1 de la LO 1/2004, de 28 de diciembre, la RAE define la violencia de género como aquella *«Violencia física o psicológica cometida contra una mujer que es o ha sido esposa del agresor o está o estuvo ligada a él por una análoga relación de afectividad, aun sin convivencia, que se comete como manifestación de la discriminación, la situación de desigualdad y las relaciones de poder de los hombres sobre las mujeres».*

Los delitos de violencia de género

En nuestro ordenamiento, el delito de violencia de género no se corresponde con un único tipo penal, sino que constituye una categoría de **delitos agravados** que castigan diferentes formas de menoscabar la integridad de las mujeres por razón de su género.

3.1. La agravante por razón de género

|| **Subtipos agravados por razón de género**

Diversas reformas legales han sido introduciendo en el Código Penal las siguientes **modalidades delictivas agravadas en materia de violencia de género**:

- En el título III «De las lesiones», los arts. 148.4.° y 153 del CP tipifican los delitos de **lesiones agravadas y de maltrato de género**.
- En el título VI «Delitos contra la libertad», los arts. 171. 4, 172.2 y 172 ter del CP regulan, respectivamente, los delitos de **amenazas, coacciones y acoso** en el marco de la violencia de género.

- En el título VII «De las torturas y otros delitos contra la integridad moral», el art. 173.2 del CP prevé como delito de violencia de género el **trato degradante** y el **menoscabo de la integridad moral de la mujer**, mientras que el art. 173.4 del CP recoge las **injurias** o **vejaciones injustas**.

- En el título VIII «Delitos contra la libertad sexual», el art. 180.1.4.ª del CP tipifica la **agresión sexual en el marco de la violencia de género**.

- En el título X «Delitos contra la intimidad», el art. 197.7 del CP contempla los delitos de violencia de género por **descubrimiento y revelación de secretos**.

Los citados subtipos castigan conductas merecedoras de un mayor reproche penal por su desvalor hacia los derechos fundamentales de las mujeres. Ello justifica la previsión de penas más severas que las establecidas en los tipos básicos de lesiones, amenazas, coacciones, acoso, injurias, etc. Además, se podrá aplicar también la libertad vigilada.

A TENER EN CUENTA. Para que se persigan los delitos de violencia de género no es necesario interponer denuncia.

CUESTIÓN

María y Juan mantienen una relación sentimental sin convivencia desde hace un año. En una ocasión, Juan interceptó a María en la entrada de su domicilio porque no había contestado a sus mensajes, empujándola contra la pared y golpeándola en el rostro. Como consecuencia del ataque, María sufrió lesiones que requirieron asistencia médica. Esta denunció los hechos, y el caso llegó a juicio. ¿Puede apreciarse la existencia de un delito de lesiones agravadas por violencia de género del artículo 148.4.° del CP en este caso?

Sí, los hechos descritos encajan en el subtipo agravado por violencia de género del artículo 148.4 del CP. Este prevé una agravación del delito de lesiones cuando la víctima sea una mujer que haya sido pareja del agresor y se evidencie un mayor desvalor en la acción, ya sea por la intensidad del riesgo generado o por la gravedad del resultado causado. En este caso, concurren los siguientes elementos que justifican la aplicación del subtipo agravado:

- Relación previa entre víctima y agresor: María y Juan mantienen una relación sentimental, lo que cumple el requisito de que la víctima sea o haya sido pareja del autor.

- Uso de instrumento peligroso: Juan utilizó un palo de madera para golpear a María en la cabeza, aumentando el potencial lesivo de la agresión y el riesgo para su integridad física, tal como se establece en la jurisprudencia del Tribunal Supremo.

- Gravedad de las lesiones: las lesiones sufridas por María requirieron asistencia médica, lo que evidencia un resultado lesivo significativo.

- Contexto de violencia de género: la agresión se enmarca en un contexto de discriminación y relaciones de poder, tal como define la Ley Orgánica 1/2004, de 28 de diciembre, y la jurisprudencia.

Por lo tanto, el juez puede aplicar el subtipo agravado del artículo 148.4 del Código Penal, imponiendo una pena más severa (prisión de 2 a 5 años, atendiendo al resultado causado o riesgo producido), debido al mayor desvalor de la acción y al riesgo generado para la víctima.

> **A TENER EN CUENTA**. Recuérdese que el tipo básico de lesiones del art. 147.1 del CP prevé una pena de prisión de 3 meses a tres años, o multa de 6 a 12 meses, para quien, por cualquier medio o procedimiento, causare a otro una lesión que menoscabe su integridad corporal o su salud física o mental, siempre que la lesión requiera objetivamente para su sanidad, además de una primera asistencia facultativa, tratamiento médico o quirúrgico (a simple vigilancia o seguimiento facultativo del curso de la lesión no se considerará tratamiento médico.

¿Qué consecuencias penales se derivan de una riña mutua en dependiendo del género?

En la **STS n.° 677/2018, de 20 de diciembre, ECLI:ES:TS:2018:4353**, el Tribunal Supremo resuelve el recurso interpuesto por el Ministerio Fiscal. En este caso un hombre y una mujer, que siendo pareja se agredieron mutuamente, fueron absueltos en instancia de los delitos de maltrato previstos en los arts. 153.1 y 153 del CP, considerando que se trataba de una agresión mutua sin lesiones, subsumible en el artículo 147.3 del Código Penal, que exige denuncia previa. Frente a ello, la Sala apela a su propia doctrina y a la del Constitucional, razonando que:

- La ausencia de lesiones no impide la aplicación del art. 153 del CP, pues el tipo penal sanciona el maltrato de obra aunque no haya lesión.
- No es exigible un ánimo de dominación o motivación subjetiva de machismo o desigualdad para la subsunción en el art. 153 del CP: basta la existencia de la relación de pareja y la agresión.
- El contexto sociológico y objetivo de desigualdad, inherente al tipo penal, resulta suficiente.
- La agresión recíproca no excluye ni degrada la tipicidad del comportamiento recogido en los apartados 1 y 2 del art. 153 del CP, correspondiendo condena conforme a cada uno, según el sujeto activo (art. 153.1 para el hombre y 153 para la mujer).
- No cabe degradar tales conductas a delito leve del art. 147.3 del CP para exigir denuncia previa, ni concederles beneficio penal alguno por la reciprocidad de las agresiones.
- La pena puede modularse en atención a las circunstancias del caso conforme al art. 153.4 del CP.

Por tanto, cualquier acto objetivo de violencia del hombre contra la mujer que es o ha sido su pareja es subsumible en el delito de violencia de género, sin que sea exigible la prueba de un ánimo específico de dominación o machismo, bastando el hecho objetivo de la agresión en el contexto de esa relación. Es decir, si la mujer agredida es la pareja o expareja del agresor, se interpretará directamente que el ataque es un acto de violencia de género.

> **A TENER EN CUENTA**. Sin embargo, para la aplicación a otros delitos de la agravante por razón de género del art. 22. 4.ª del CP, habrá que estar al ánimo de dominación machista y no a la relación que exista entre el hombre y la mujer, como más adelante se explicará.

| Bien jurídico protegido

Dependiendo del delito concreto que se cometa, los bienes jurídicos protegidos serán la integridad física y psicológica, la libertad sexual y la libertad ambulatoria y de decisión de la mujer.

Aplicación a otros delitos de la circunstancia agravante genérica «por razón de género»

En el art. 22 del CP se reconocen diversas circunstancias agravantes aplicables a la comisión de delitos distintos de los subtipos agravados explicados en el apartado anterior (delitos de violencia de género). La redacción otorgada por la LO 1/2015, de 30 de marzo, a la circunstancia 4.ª del art. 22 del CP, introdujo las «razones de género» como agravante de aquellos delitos en los que concurra este tipo de discriminación. La versión actual del precepto establece:

> «Son circunstancias agravantes:
> (...) 4.ª Cometer el delito por motivos racistas, antisemitas, antigitanos u otra clase de discriminación referente a la ideología, religión o creencias de la víctima, la etnia, raza o nación a la que pertenezca, su sexo, edad, orientación o identidad sexual o de género, **razones de género**, de aporofobia o de exclusión social, la enfermedad que padezca o su discapacidad, con independencia de que tales condiciones o circunstancias concurran efectivamente en la persona sobre la que recaiga la conducta».

Los elementos para su aplicación son:

- **Motivación discriminatoria**: la agravante se aplica cuando el autor actúa movido por razones de género, es decir, cuando el móvil del delito es la discriminación o desigualdad basada en el género de la víctima. Esto abarca tanto la violencia de género (generalmente entendida como violencia ejercida contra la mujer por quien tenga o haya tenido con ella una relación de afectividad) como cualquier conducta penalmente tipificada motivada por el rechazo o menosprecio hacia el género. Por tanto, tal como aclara el Alto Tribunal en la **STS n.º 565/2018, de 19 de noviembre, ECLI:ES:TS:2018:375**, para aplicar la agravante del art. 22.4.ª del CP no se exige que haya o haya habido un vínculo sentimental entre víctima y agresor, como sí sucedía en los delitos de violencia de género.

- **Independencia respecto a la víctima**: el artículo aclara que la agravante se aplica con independencia de que tales condiciones o circunstancias concurran efectivamente en la persona. Por lo tanto, basta con que la conducta se dirija con esa motivación, aunque la víctima no pertenezca objetivamente al colectivo protegido.

- **Ámbito objetivo**: esta agravante es genérica y puede ser aplicada a cualquier delito cometido con dicha motivación.

La aplicación de esta agravante implica un mayor reproche penal, permitiendo al juez o tribunal aumentar la pena dentro del margen previsto por la ley para el delito cometido, en atención a la mayor gravedad que supone la motivación discriminatoria basada en el género.

JURISPRUDENCIA

En la **STS n.º 420/2018, de 25 de septiembre, ECLI:ES:TS:2018:31648**, la Sala estima la pretensión del Ministerio Fiscal reconociendo la procedencia de aplicar la agravante de género del art. 22.4.ª del CP al delito de lesiones con deformidad, tal como se había hecho en instancia (decisión revocada en apelación). El argumento del Supremo es el siguiente:

«Es cierto, como se desprende de la argumentación del Tribunal de apelación, y debe ser resaltado, que la acreditación de una determinada personalidad en el acusado no puede justificar, por sí misma, en ningún caso, la aplicación de la agravante, pues debe rechazarse cualquier aproximación a un derecho penal de autor, que conduciría a sancionar al sujeto por cómo es y no por lo que ha hecho, como exige un derecho Penal basado en la culpabilidad.

En el caso, sin embargo, esa personalidad, que se describe en la sentencia, es solo un elemento más, pues la dominación y el desprecio sobre la mujer, concretamente sobre la que recae la agresión, elementos necesarios para apreciar la agravante, resultan de las características de la conducta ejecutada, tal y como aparece descrita en los hechos probados.

El motivo, por lo tanto, debe ser estimado».

En la ya referida **STS n.º 565/2018, de 19 de noviembre, ECLI:ES:TS:2018:375**, el Supremo desestima el recurso interpuesto por el acusado contra la sentencia de instancia, declarándolo autor de un delito de homicidio intentado. Si bien el recurrente había impugnado la aplicación de las agravantes de parentesco y género en la determinación de su condena, la Sala aclara lo siguiente:

- Respecto a la agravante de parentesco (art. 23 del CP), se señala que basta la existencia de convivencia y conocimiento de dicha relación, sin exigirse la existencia de afecto.

- Sobre la agravante de género (art. 22.4.º del CP), el Tribunal afirma su aplicabilidad cuando los hechos se producen por razones de dominación y discriminación por razón de género, en línea con el Convenio de Estambul y la LO 1/2015, de 30 de marzo.

El TS señala que ambas agravantes son compatibles, pues responden a fundamentos diferentes (objetivo el parentesco, subjetivo la de género) y pueden concurrir en el mismo hecho sin vulnerar el principio de *non bis in idem*. Sin embargo, el Tribunal deja constancia de que **no procede aplicar las agravantes en aquellos delitos en los que el tipo penal ya incluye** como elemento constitutivo la relación de parentesco o género.

«Es evidente que el fundamento de las agravaciones recogidas en este apartado 4º reside en el mayor reproche penal que supone que el autor cometa los hechos motivado por sentirse superior a uno de los colectivos que en el mismo se citan y como medio para demostrar además a la víctima que la considera inferior. Se lleva a cabo una situación de subyugación del sujeto activo sobre el pasivo, pero sin concretarse de forma exclusiva el ámbito de aplicación de la agravante sólo a las relaciones de pareja o ex pareja, sino en cualquier ataque a la mujer con efectos de dominación, por el hecho de ser mujer. Esta es la verdadera significación de la agravante de género».

3.2. El delito de quebrantamiento

Delito de quebrantamiento en materia de violencia de género

Según el apartado 3 del art. 468 del CP, se considera delito de quebrantamiento:

- La inutilización o perturbación en el funcionamiento normal de los dispositivos técnicos que hubieran sido dispuestos para controlar el cumplimiento de penas, medidas de seguridad o medidas cautelares;
- que el condenado no lleve dichos dispositivos consigo; y
- la omisión de las medidas exigibles para mantener los dispositivos en correcto estado de funcionamiento.

Esto se aplica, entre otros, a los dispositivos de control telemático (como las pulseras de localización) que suelen imponerse como medida de protección en casos de violencia de género. La comisión de cualquiera de estas conductas está castigada con una pena de multa de 6 a 12 meses.

3.3. La figura de la víctima del delito de violencia de género

3.3.1. La protección reforzada de la víctima

La protección reforzada de la víctima de violencia de género

El **sujeto pasivo** en los delitos de violencia de género es la **mujer** que sufre la agresión o el menoscabo derivado de la acción típica. Las **características esenciales de la víctima de violencia de género** han ido evolucionando a través de las sucesivas reformas legales. En cualquier caso:

a) Víctima y victimario deben ser, respectivamente, mujer y hombre. Las diferentes definiciones de violencia de género recogidas en las normas de Derecho internacional aplicables en España, así como en el Derecho europeo e interno, coinciden en esta característica esencial. Prueba de ello son los siguientes ejemplos:

- La **Declaración de la Asamblea General de la ONU, de 20 de diciembre de 1993**, sobre la eliminación de la violencia contra la mujer, define esta como «*(...) todo acto de violencia **basado en la pertenencia al sexo femenino** (...)*».

- El **Convenio de Estambul, de 11 de mayo de 2011** (ratificado por España en 2014), y cuyos presupuestos inspiran nuestro derecho interno en la materia, define los siguientes conceptos en las letras a) y d) de su art. 3:

  «a) Por «violencia contra la mujer» se deberá entender una violación de los derechos humanos y una forma de discriminación **contra las mujeres**, y se designarán todos los actos de violencia basados en el género que implican o pueden implicar para las mujeres daños o sufrimientos de naturaleza física, sexual, psicológica o económica, incluidas las amenazas de realizar dichos actos, la coacción o la privación arbitraria de libertad, en la vida pública o privada; (...)

  d) Por "violencia contra la mujer por razones de género" se entenderá toda violencia **contra una mujer porque es una mujer** o que afecte a las mujeres de manera desproporcionada».

- La **Directiva (UE) 2024/1385 del Parlamento Europeo y del Consejo, de 14 de mayo de 2024**, sobre la lucha contra la violencia contra las mujeres y la violencia doméstica, define la *«violencia contra las mujeres»* en la letra a) de su art. 2, como *«(..) todo acto de violencia de género dirigido **contra una mujer o una niña por el hecho de ser mujer o niña**, o que afecten de manera desproporcionada a mujeres o niñas (...)»*.

- El **apartado 1 del art. 1 de la LO 1/2004, de 28 de diciembre**, de Medidas de Protección Integral contra la Violencia de Género, señala que el objeto de la norma es *«(...) actuar contra la violencia que, como manifestación de la discriminación, la situación de desigualdad y las **relaciones de poder de los hombres sobre las mujeres**, se ejerce sobre éstas (...)»*.

b) Relación sentimental con el sujeto activo. Víctima y victimario deberán ser o haber sido esposos, pareja de hecho u otra relación análoga de afectividad. Esto incluye relaciones sentimentales con vocación de estabilidad y excluye relaciones esporádicas o de mera amistad, según la **STS n.º 1376/2011, de 23 de diciembre, ECLI:ES:TS:2011:8962**.

Con el fin de proteger las relaciones afectivas no matrimoniales, los delitos de violencia de género —es decir, los **subtipos agravados por razón de género** en los delitos de **lesiones agravadas, maltrato de obra, amenazas y coacciones** (arts. 148, 153, 171 y 172 del CP, respectivamente)— excluyen expresamente la convivencia de víctima y agresor como requisito para su aplicación.

CUESTIÓN

Marina y Roberto mantuvieron una relación sentimental durante un año. Aunque nunca convivieron, se veían todos los fines de semana en una ciudad cercana a sus respectivos municipios. Cuando, motivada por las desavenencias entre ambos, Marina decidió poner fin a la relación con Roberto, este comenzó a hostigarla, llegando a amenazarla con personarse en su lugar de trabajo, formar un escándalo y provocar su despido.

Marina denuncia los hechos y el Ministerio Fiscal acusa a Roberto de un delito de violencia de género del art. 171.4 del CP (amenazas agravadas). En su

defensa, Roberto niega la existencia del delito y solicita el sobreseimiento libre, alegando que Marina ya no era su pareja en el momento de los hechos, y que la relación que habían mantenido había sido de poca entidad, al no haber llegado jamás a convivir. ¿Son oponibles estos argumentos?

No. El subtipo agravado de amenazas del art. 171.4 del CP castiga a quien de modo leve amenace a quien sea o haya sido su esposa, o mujer que esté o haya estado ligada a él por una análoga relación de afectividad aun sin convivencia. Por tanto, la relación sentimental previa, aunque haya terminado y no haya implicado convivencia, es suficiente para que se pueda aplicar el subtipo agravado de amenazas por violencia de género.

A TENER EN CUENTA. Según el apartado 4 del art. 1 de la LO 1/2004, de 28 de diciembre, la mujer también será considerada víctima de un delito de violencia de género cuando, para dañarla, el agresor atente contra sus familiares o allegados menores de edad (violencia vicaria).

c) **Contexto machista**. Tal como reza el art. 1.1 de la LO 1/2004, de 28 de diciembre, la violencia de género se entiende como aquella que se ejerce como manifestación de discriminación, desigualdad y relaciones de poder del hombre sobre la mujer. Esta definición se inspira, a su vez, en la contenida en la letra a) del art. 3 del Convenio de Estambul, que considera la violencia de género como *«(...) una violación de los derechos humanos y una forma de discriminación contra las mujeres»*.

A TENER EN CUENTA. Para la apreciación de los delitos de violencia de género será relevante que entre la víctima y el agresor exista o haya existido una relación de pareja, siendo indistinta la motivación del victimario. Sin embargo, para la aplicación de la agravante genérica del art. 22.4.ª del CP a otros delitos —por «razones de género»—, será relevante el ánimo discriminatorio machista de la acción, e irrelevante que autor y víctima mantengan o hayan mantenido un vínculo sentimental.

- Según la STS n.º 677/2018, de 20 de diciembre, ECLI:ES:TS:2018:4353, siempre que la mujer agredida sea la pareja o expareja del agresor, se interpretará directamente que el ataque es un delito de violencia de género.

- De acuerdo con la **STS n.º 565/2018, de 19 de noviembre, ECLI:ES:TS:2018:375**, la agravante genérica del art. 22.4.ª del CP, por razones de género, será aplicable a delitos distintos a los de violencia de género en los que concurra una motivación de dominación machista, sin importar la relación entre víctima y autor.

d) **Protección de otros sujetos relacionados con la víctima**: hijo/as, otras personas cercanas a esta y, recientemente, mascotas. La **violencia vicaria** es una modalidad de violencia de género consistente en atentar contra los sujetos anteriormente citados, a fin de infligir a la mujer el mayor daño psicológico posible. La **novedosa sentencia** del Juzgado de Violencia sobre la Mujer n.º 2 de Las Palmas de Gran Canaria, rec. 1133/2025, de 22 de septiembre, ha reconocido expresamente como violencia vicaria la muerte de la mascota de una mujer a manos de su expareja, quien, a través de tal acto, intentó ejercer dominación sobre ella y causarle un quebranto emocional.

3.3.2. La víctima en los diferentes subtipos agravados por violencia de género

La víctima en los delitos de violencia de género

A continuación, se analiza la figura de la víctima en los diferentes subtipos agravados por violencia de género.

‖ Delito agravado de lesiones del art. 148.4.º del CP

Según lo dispuesto en el apartado 4.º del artículo 148 del CP, **si la víctima de una lesión que menoscabe su integridad corporal o su salud física o mental fuere o hubiere sido esposa, o mujer que estuviere o hubiere estado ligada al autor por una análoga relación de afectividad, aun sin convivencia,** la pena podrá ser prisión de 2 a 5 años, dependiendo del resultado o daño producido.

Para distinguirlo del delito de maltrato de obra recogido en el artículo 153 del CP, habrá que estar a la gravedad de las lesiones, resultando que serán constitutivas de maltrato de obra las lesiones tipificadas en el apartado 2 del 147 del CP, de menor entidad.

‖ Maltrato físico o psíquico en el ámbito familiar del art. 153 del CP (lesiones)

Cabe señalar las dos siguientes modalidades que reviste el presente delito:

- Cuando el maltrato de obra es ejercido por el hombre o la mujer contra cualquier otro miembro de la familia, estaremos ante violencia doméstica
- Cuando estas acciones son ejercidas por el hombre sobre la mujer, serán consideradas delito de **violencia de género**.

Este delito también se consuma como violencia de género cuando el maltrato se inflija a las siguientes personas relacionadas con la víctima (violencia vicaria):

- » Descendientes, ascendientes o hermanos por naturaleza, adopción o afinidad, propios o del cónyuge o conviviente.
- » Menores o personas con discapacidad necesitadas de especial protección que con él convivan o que se hallen sujetos a la potestad, tutela, curatela, acogimiento o guarda de hecho del cónyuge o conviviente.
- » Persona amparada en cualquier otra relación por la que se encuentre integrada en el núcleo de su convivencia familiar.
- » Personas que por su especial vulnerabilidad se encuentran sometidas a custodia o guarda en centros públicos o privados.

Notas comunes relativas a los tipos penales recogidos en los artículos 153.1 y 2 y 173.2 CP en relación con la violencia física o psíquica contra la mujer

» Que los actos de violencia física o psíquica se lleven a cabo dentro del ámbito familiar.

» Que sean dirigidos contra la esposa o persona ligada por una relación análoga de afectividad.

Diferencias entre los delitos de los artículos 153 y 173 CP en relación con la violencia física o psíquica contra la mujer

» El tipo del art. 153.1 y 2 del CP se encuadra en la categoría de delito de **lesiones** y, para ser apreciado, no requiere habitualidad.

» El tipo del art. 173.2 del CP sí exige **habitualidad**, y forma parte de los delitos de **torturas**.

Situaciones que agravan de forma especial el delito de maltrato de obra del art. 153.2 del CP

» La presencia de **menores**. Tal como dispone el Tribunal Supremo en su **STS n.º 188/2018, de 18 de abril, ECLI:ES:TS:2018:1378**, su aplicación no requiere la percepción visual directa de la agresión, sino la mera presencia en el lugar de los hechos.

» La **utilización de armas**.

» La comisión **en el domicilio de la víctima o en el domicilio común**, aspecto que refleja perfectamente la **STS n.º 870/2016, de 18 de noviembre, ECLI:ES:TS:2018:4988**.

» El **quebrantamiento de alguna de las penas** contempladas en el artículo 48 CP, o cualquier medida cautelar o de seguridad de naturaleza similar.

En su apartado 4.º, el art. 153 del CP establece que el Tribunal podrá imponer razonadamente la pena inferior en grado, en atención a las circunstancias personales del autor y las concurrentes en la realización del hecho.

Maltrato habitual (violencia doméstica) del artículo 173.2 del CP (torturas)

El apartado 2 del artículo 173 del CP se centra en la protección de víctimas que mantienen o han mantenido una relación personal o de convivencia con el autor. Se protege especialmente a quienes están o han estado ligados por matrimonio, análoga relación afectiva, lazos familiares directos (descendientes, ascendientes, hermanos), menores, personas con discapacidad necesitadas de especial protección, y otros integrantes del núcleo familiar o personas vulnerables bajo custodia.

En estos casos, la ley sanciona la violencia habitual, tanto física como psíquica, ejercida sobre estas víctimas, imponiendo penas privativas de libertad y sanciones accesorias, además de permitir la adopción de medidas de supervisión (libertad vigilada) e inhabilitación para ejercer potestades familiares cuando así lo requiera el interés de la víctima. El precepto refuerza las penas cuando la violencia ocurre en ciertas circunstancias, como la presencia de menores o la utilización de armas.

En definitiva, el apartado prioriza la protección de las personas especialmente vulnerables en el entorno familiar, reconociendo su especial necesidad de tutela frente a conductas de violencia habitual.

‖ Amenazas

Según el artículo 171 del CP, las **amenazas leves hacia la esposa o mujer con la que se mantenga una relación análoga de afectividad aun sin convivencia, y las amenazas leves a una persona especialmente vulnerable que conviva con el autor serán sancionadas,** entendiendo por lo tanto que los sujetos activos y pasivos son los mismos que los determinados en el artículo 153.1 del CP.

La acción típica es amenazar de forma leve, de manera que se convierte en delito una acción que anteriormente se sancionaba como falta, en el artículo 620 del CP. Tras la reforma efectuada por la LO 1/2004, de 28 de diciembre, se introdujeron sus dos modalidades delictivas:

- Una en la que el sujeto pasivo es esposa, pareja de hecho o mujer con relación análoga de afectividad y el activo es el hombre.
- Otra en la que el sujeto pasivo es cualquier persona especialmente vulnerable que conviva con el autor (independientemente del sexo de cada uno de ellos).

El artículo 171.5 del CP **agrava las amenazas proferidas** en presencia de menores, en el domicilio de la víctima o en el domicilio común, o quebrantando una pena contemplada en el artículo 48 del CP. En estos casos, se castigarán en su **mitad superior.** También se agravarán en caso de quebrantar una medida cautelar o de seguridad de la misma naturaleza.

Las amenazas leves, en las que no medie la utilización de armas, serán consideradas como delitos leves. Aunque los delitos leves requieren, por lo general, la denuncia del ofendido, en los casos de violencia de género y doméstica no es necesario para su persecución.

‖ Coacciones

El **delito leve de coacciones** del art. 172 ter del CP, apartado 3, protege a la víctima que sea o haya sido esposa o pareja de hecho del agresor, o que haya mantenido o mantenga con él una relación análoga de afectividad, aun sin convivencia. En estos casos, aunque la coacción sea leve, la ley impone penas más severas (prisión de seis meses a un año o trabajos en beneficio de la comunidad), así como privación del derecho a la tenencia y porte de armas y, si procede, inhabilitación especial para el ejercicio de derechos parentales o tutela hasta cinco años. La protección se incrementa si los hechos se producen en presencia de menores, si ocurren en el domicilio común o de la víctima, o si se producen quebrantando medidas cautelares.

Así, la víctima principal del apartado 2 es aquella persona especialmente protegida por su relación personal o situación de vulnerabilidad frente al autor, lo que pone de manifiesto la voluntad de proteger a colectivos particularmente sensibles dentro del ámbito de las coacciones leves.

|| Injurias y vejaciones leves

Las injurias leves y vejaciones injustas suelen quedar fuera del ámbito penal, salvo en algunas situaciones, **como son las cometidas contra alguna de las personas a las que se refiere el artículo 173 del CP, apartado 2,** (recuérdese: mujer que sea o haya sido esposa o pareja de hecho del agresor, o que haya mantenido o mantenga con él una relación análoga de afectividad, aun sin convivencia; descendientes, ascendientes o hermanos por naturaleza, adopción o afinidad, propios o del cónyuge o conviviente; menores o personas con discapacidad necesitadas de especial protección que con él convivan o que se hallen sujetos a la potestad, tutela, curatela, acogimiento o guarda de hecho del cónyuge o conviviente; persona amparada en cualquier otra relación por la que se encuentre integrada en el núcleo de su convivencia familiar, o personas que por su especial vulnerabilidad se encuentran sometidas a custodia o guarda en centros públicos o privados).

La mayor parte de las ofensas adquieren un carácter privado cuya reparación puede exigirse mediante la jurisdicción civil o mediante actos de conciliación. Por ello, solo en muy contadas ocasiones, se derivan las ofensas a la vía penal, con el fin de no resultar en penas excesivamente severas para el autor, existiendo medios alternativos para la solución del conflicto.

La Ley Orgánica 1/2015, de 30 de marzo, estableció en el apartado 4 del art. 173 del CP que, «*Quien cause injuria o vejación injusta de carácter leve, cuando el ofendido fuera una de las personas a las que se refiere el apartado 2 del artículo 173, será castigado con la pena de localización permanente de cinco a treinta días, siempre en domicilio diferente y alejado del de la víctima, o trabajos en beneficio de la comunidad de cinco a treinta días, o multa de uno a cuatro meses, esta última únicamente en los supuestos en los que concurren las circunstancias expresadas en el apartado 2 del artículo 84.*

Las mismas penas se impondrán a quienes se dirijan a otra persona con expresiones, comportamientos o proposiciones de carácter sexual que creen a la víctima una situación objetivamente humillante, hostil o intimidatoria, sin llegar a constituir otros delitos de mayor gravedad.

Los delitos tipificados en los dos párrafos anteriores sólo serán perseguibles mediante denuncia de la persona agraviada o su representante legal».

Por tanto, solo se exige denuncia previa para la persecución de las injurias.

|| Acoso

La Ley Orgánica 1/2015, de 30 de marzo, incorpora en el artículo 172 ter del CP el delito de acoso dentro del ámbito familiar. Las acciones sancionadas son las intromisiones agresivas en la vida de otro, de forma que atenten contra la libertad de la persona afectada y contra su desarrollo personal. Se trata de conductas reiteradas en las que se menoscaba la libertad y seguridad de la víctima, siendo sometida a llamadas constantes, vigilancia o, en definitiva, actos de hostigamiento, sin que se llegue a cometer actos constitutivos de coacción o amenaza.

Las conductas castigadas deberán **alterar gravemente el desarrollo de la vida cotidiana** de la víctima, y pertenecer a esta lista cerrada *numerus clausus*:

- Vigilancia, persecución o búsqueda de la cercanía física.
- Establecimiento de contacto a través de cualquier medio de comunicación, o por medio de terceras personas.
- El uso indebido de datos personales, adquisición de productos o mercancías, o contratación de servicios, o haga que terceras personas se pongan en contacto con ella.
- Atentado contra su libertad o patrimonio, o contra la libertad o patrimonio de otra persona próxima a ella.

La protección a las víctimas de violencia de género se refuerza en este artículo por cuanto, conforme al apartado 2, si la persona acosada pertenece a los colectivos del artículo 173.2 del CP, la pena aplicable es más severa (prisión de uno a dos años o trabajos en beneficio de la comunidad de sesenta a ciento veinte días) y no es necesario que la víctima interponga denuncia, lo que facilita la actuación de oficio de las autoridades y la protección efectiva ante situaciones de vulnerabilidad propia de la violencia de género. Además, si la víctima resulta especialmente vulnerable (por edad, enfermedad, discapacidad u otras circunstancias), se agrava la pena, mostrando especial sensibilidad hacia colectivos en situación de mayor riesgo.

3.3.3. Quebrantamiento de condena por violencia de género con consentimiento de la víctima

Quebrantamiento de condena en el delito de violencia de género con consentimiento de la víctima

El artículo 468 del Código Penal, modificado por la Ley Orgánica 1/2015, de 30 de marzo, establece las penas previstas para aquellos que quebranten su condena, medida de seguridad, cautelar, etc. Con respecto al consentimiento de la víctima en este quebrantamiento, según lo determinado por el Tribunal Supremo en el **Pleno no jurisdiccional, de 25 de noviembre de 2008:**

> «(...) el consentimiento de la víctima no es un factor de exclusión de la punibilidad (STS 14/2010, de 28 de enero, 39/2009, de 29 de enero, entre otras muchas).»
>
> 1.5.- En efecto, como ya dijimos en STS 755/2009, de 13-7, la experiencia "nos enseña que los consentimientos se prestan en un marco intimidatorio innegable, en el que la expareja se conoce demasiado bien y

utiliza para lograr la aceptación del otro artimañas engañosas, cuando no el recurso a sentimientos fingidos o falsas promesas». Y a continuación **«el derecho penal sobre violencia de género tiene unas finalidades que no se pueden conseguir si se permite a la víctima dejar sin efecto decisiones acordadas por la autoridad judicial en su favor".** Son una muestra de las peculiaridades que presenta el tratamiento del delito de quebrantamiento de pena o medida cautelar relativo a la violencia doméstica y de género, que acertadamente describe la STS 1065/2010, de 26-11, cuando expresa que: "la pérdida de autoestima por parte de la mujer, que es consustancial a los episodios prolongados de violencia doméstica, puede provocar en el órgano judicial el irreparable error de convertir lo que no es sino expresión patológica de un síndrome de anulación personal, en una fuente legitimante que lleve a la equivocación de anular las barreras alzadas para la protección de la propia víctima, sumiendo a ésta de nuevo en la situación de riesgo que trataba de evitarse." (STS 803/2015, de 9-12).

Por ello, el tipo objetivo del art. 468.2 CP, como dicen las SSTS 778/2010, de 1-12; 675/2013, de 21-6; 691/2018, de 21-12; 567/2020, de 28-10, solo requiere que el autor sepa que era el destinatario de un mandato judicial por el que le es impuesta la prohibición de acercarse a la víctima -otra interpretación del tipo objetivo sería claramente contrario a la finalidad de la norma cuya función es proteger a la víctima del peligro que el posible autor representa para su integridad física y su vida-. Consecuentemente el tipo subjetivo, es decir, **el dolo, solo presupone el conocimiento del mandato judicial que le incumbe y que el autor sepa que con su conducta lo incumple».**

3.4. El sujeto activo en el delito de violencia de género

Concepto y delimitación del sujeto activo de la violencia género

El sujeto activo de la violencia de género constituye un elemento central en la configuración de la tipicidad de los delitos y en la aplicación de medidas penales y cautelares. Su correcta definición es esencial para delimitar la responsabilidad penal y garantizar la eficacia de la protección de las víctimas.

Por tanto, el sujeto activo de la violencia de género es la persona que ejerce los actos de violencia física, psíquica, sexual o económica contra la mujer en el contexto de una relación de pareja o expareja, conforme al artículo 1 de la LO 1/2004, de 28 de diciembre:

«La presente Ley tiene por objeto actuar contra la violencia que, como manifestación de la discriminación, la situación de desigualdad y las relaciones de poder de los hombres sobre las mujeres, se ejerce sobre és-

tas por parte de quienes sean o hayan sido sus cónyuges o de quienes estén o haya estado ligados a ellas por relaciones similares de afectividad, aun sin convivencia».

Así pues, la ley limita el sujeto activo a los **hombres** que ejercen violencia contra mujeres por razón de su género. Esta delimitación se debe a la constatación de un patrón estructural de dominación masculina y a la necesidad de protección específica de las mujeres, como colectivo históricamente vulnerable.

A mayores, no solo se define al sujeto activo por su sexo biológico, sino por su relación con la víctima. Debe ser el actor **cónyuge o pareja de hecho** (actual o anterior).

A *sensu contrario* quedan excluidas las mujeres que ejercen violencia sobre hombres, no encuadrándose esta conducta dentro de la violencia de género, sin perjuicio de constituir otros tipos de delitos, como, por ejemplo, el de violencia doméstica o maltrato habitual en el ámbito doméstico.

Cuestión de inconstitucionalidad sobre el sujeto activo en los delitos de violencia de género

La configuración del sujeto activo varón como elemento normativo en los delitos de violencia de género ha sido objeto de control constitucional desde la entrada en vigor de la LO 1/2004, de 28 de diciembre. La principal controversia se ha centrado en determinar si el tratamiento penal agravado aplicable cuando el autor es un hombre constituye una discriminación por razón de sexo prohibida por el artículo 14 de la Constitución española o un trato desigual injustificado contrario al principio de igualdad.

La sentencia del Tribunal Constitucional n.º 45/2010, de 28 de julio, ECLI:ES:TC:2010:45, afirmó que el tratamiento diferenciado no responde exclusivamente al sexo del autor y de la víctima, sino al contexto de desigualdad estructural en el que se inserta la violencia ejercida por el varón contra la mujer en el ámbito de la pareja. Es decir, **la ley no sanciona más gravemente por el mero hecho de ser hombre, sino por la especial lesividad, mayor desvalor y significado social de dominación que presentan estas conductas**. Por ello, el sexo no actúa como criterio aislado o determinante, sino integrado en un contexto relacional objetivamente acreditado.

Igualmente, la sentencia rechaza que exista una presunción de inocencia basada en el sexo. La agravación penal se vincula con la conducta concreta cometida en el marco de la relación de pareja, no atributos personales del sujeto activo. **El legislador sanciona hechos, no identidades.**

Concluye el TC que la medida penal diferenciada es legítima, adecuada y proporcionada, cumpliendo los fines de protección reforzada que persigue la LO 1/2004, de 28 de diciembre, conforme al apartado 2 del artículo 9, artículo 14 y artículo 10 de la Constitución española.

Aunque la sentencia incorpora varios votos particulares, la doctrina mayoritaria sostiene la constitucionalidad del modelo.

En la misma línea se pronunció nuestro tribunal de garantías en la sentencia n.º 59/2008, de 14 de mayo, ECLI:ES:TC:2008:59, cuando fundamenta la constitucionalidad del trato diferente en base a un fin legítimo (combatir la violencia estructural contra la mujer en el ámbito de la pareja). La agravación responde a un mayor desvalor y lesividad social de esta violencia, inserta en un contexto de desigualdad, no al sexo del autor como dato aislado. Por tanto, la diferenciación es objetiva, razonable y proporcionada, conforme al artículo 14 de la Constitución.

4.
LA DIFERENCIA ENTRE VIOLENCIA DOMÉSTICA Y VIOLENCIA DE GÉNERO

Diferencias conceptuales y fundamento jurídico de la violencia de género y la violencia doméstica

|| La violencia de género

La doctrina define la violencia de género como aquella que tiene su origen en la **discriminación, situación desigual entre hombres y mujeres y relaciones de poder del hombre sobre la mujer.** Conforme a la LO 1/2004, de 28 de diciembre, para su apreciación se requiere que el agresor sea o haya sido cónyuge o esté o haya estado ligado por una relación afectiva análoga a la víctima, aun sin convivencia.

Por tanto, no se trata de un fenómeno interpersonal, sino de una manifestación de violencia estructural por razón de sexo, lo cual justifica un amplio sistema de protección integral. La violencia de género incluye la violencia física, psicológica, sexual, las amenazas, coacciones y la privación injustificada de la libertad, afectando a la integridad física y psíquica de la mujer, su libertad sexual y su libertad ambulatoria y decisoria.

Cabe resaltar que la jurisprudencia del Tribunal Supremo (STS n.º 677/2018, de 20 de diciembre, ECLI:ES:TS:2018:4353), ha consolidado que todo acto de violencia ejercido por un hombre contra su pareja o expareja mujer, constituye un acto de violencia de género.

|| La violencia doméstica

Por otro lado, la violencia doméstica o maltrato habitual en el ámbito familiar protege la integridad física, psíquica y moral de los miembros del núcleo familiar. Se basa en la existencia de un **clima continuado de violencia, dominación y sujeción, dirigido contra cualquier persona integrada en el ámbito de convivencia.**

La jurisprudencia describe este delito como un delito de estado, cuya antijuridicidad deriva no tanto de actos aislados como de la creación de una atmósfera de violencia y sometimiento. Su finalidad es preservar la paz familiar, entendida como la convivencia digna, respetuosa y libre de intimidación.

Diferencias en el sujeto activo y pasivo de la violencia de género y la violencia doméstica

|| Violencia de género

El sujeto activo de la violencia de género solo podrá ser un **hombre** y el sujeto pasivo solo podrá ser una **mujer** que sea o haya sido su pareja afectiva. Por tanto, se exige una **relación afectiva** presente o pasada, sin necesidad de convivencia.

|| Violencia doméstica

El sujeto activo y pasivo de la violencia doméstica podrá ser **cualquier persona vinculada por relación familiar o de convivencia**, sin distinción de sexo. Por tanto, se exige una relación de convivencia o relación afectiva y familiar, no necesariamente sentimental. Incluye a menores, personas con discapacidad y personas vulnerables.

Diferencias en los bienes jurídicos protegidos de la violencia de género y la violencia doméstica

|| Violencia de género

En la violencia de género se protege **la integridad física y psíquica de la mujer**, así como su libertad sexual, su libertad ambulatoria y su libertad de decisión. Además, desde la perspectiva de la Ley Orgánica 1/2004, de 28 de diciembre, se protege el bien jurídico supraindividual de la **igualdad efectiva entre hombres y mujeres**, frente a manifestaciones estructurales de discriminación.

|| Violencia doméstica

La violencia doméstica protege **la integridad física, psíquica y moral de los miembros del núcleo familiar**, así como la **paz familiar** como bien jurídico colectivo, entendida como la dignidad y convivencia pacífica dentro del hogar.

Diferencias en el régimen jurídico de la violencia de género y la violencia doméstica

|| Violencia de género

La violencia de género constituye un **criterio de agravación** que intensifica la responsabilidad en aquellos delitos que se cometen contra la mujer en el marco de una relación afectiva presente o pasada. Se articula en dos planos:

- Agravante genérica de género (apartado 4 del artículo 22 del Código Penal). Introducido por la Ley Orgánica 1/2015, de 23 de noviembre, permite elevar la pena cuando el delito se comete por razones de género, entendidas como manifestaciones de discriminación, dominación o desigualdad del hombre sobre la mujer.

- Subtipos agravados en delitos ya existentes. La Ley Orgánica 1/2004, de 28 de diciembre, modificó diversos preceptos del Código Penal para crear subtipos específicos agravados cuando el agresor es hombre y la víctima es una mujer con la que mantiene o mantuvo relación afectiva.

Así pues, la violencia de género se manifiesta incrementando la pena dentro de tipos penales ya existentes, nunca como una figura autónoma. Además, no se exigirá habitualidad, sino que bastará con **un solo acto** para que opere la agravante.

|| Violencia doméstica

En contraposición, la violencia doméstica sí constituye un **delito autónomo**, tipificado expresamente en el apartado 2 del artículo 173 del Código Penal, por el que se sanciona el maltrato habitual en el ámbito familiar. Por tanto, la violencia doméstica no depende de otro delito ni opera como agravante, sino que es un delito específico con elementos propios.

Así pues, si se aprecia **habitualidad** de la conducta, creación de un clima de violencia, dominación o intimidación y una relación familiar o convivencial entre las partes se aplicará el régimen punitivo propio del delito de maltrato habitual en el ámbito doméstico.

Diferencias en la naturaleza criminológica y el contexto de la violencia

La violencia de género es **estructural**, vinculada a la desigualdad por razón de sexo; en cambio, la violencia domestica es **interpersonal** y convivencial, centrada en la creación de un clima intimidatorio continuado en el entorno familiar. A mayores, como ya se ha mencionado, en la violencia de género bastará un solo acto, mientras que en la violencia doméstica se exige habitualidad.

DIFERENCIAS VIOLENCIA DE GÉNERO Y VIOLENCIA DOMÉSTICA		
CRITERIO	**VIOLENCIA DE GÉNERO**	**VIOLENCIA DOMÉSTICA**
FUNDAMENTO	Discriminación y desigualdad	Paz familiar y convivencia digna
NATURALEZA	Agravante	Delito autónomo
HABITUALIDAD	✕	✓
SUJETO ACTIVO	Hombre	Cualquier persona del núcleo familiar
SUJETO PASIVO	Mujer pareja o expareja	Cualquier persona del núcleo familiar
RELACIÓN	Afectiva	Familiar o convivencial
PENALIDAD	Agravante o subtipo agravado	Delito autónomo
NATURALEZA CRIMINOLÓGICA	Violencia estructural	Violencia interpersonal

5.
LA ORDEN DE PROTECCIÓN POR VIOLENCIA DE GÉNERO Y VIOLENCIA DOMÉSTICA

5.1. Naturaleza y finalidad

Naturaleza y finalidad de la orden de protección de protección

La orden de protección constituye una resolución judicial rápida e integrada, que combina medidas de seguridad y protección con medidas asistenciales, unificando en un solo acto penal y civil las garantías debidas a la víctima.

Su finalidad es la de **prevenir daños futuros**, reducir el riesgo, asegurar la protección inmediata y activar los mecanismos sociales y asistenciales que puedan ser necesarios.

|| Origen normativo de la orden de protección

La orden de protección fue incorporada a nuestro ordenamiento jurídico a través de la **Ley 27/2003, de 31 de julio, reguladora de la Orden de Protección de las víctimas de la violencia doméstica**, la cual instauró por primera vez este tipo de mecanismo integral, cautelar y urgente para la tutela de las víctimas de violencia de género y de violencia doméstica.

|| Modificación del artículo 13 de la LECrim

La Ley 27/2003, de 31 de julio, reformó el artículo 13 de la LECrim para incluir expresamente la protección de los ofendidos a perjudicados como una de las **primeras diligencias en el proceso penal**. De esta manera, el artículo señala que, como primeras actuaciones, corresponde al órgano judicial: *«(...) consignar las pruebas del delito que puedan desaparecer, la de recoger y poner en custodia cuanto conduzca a su comprobación y a la identificación* *del delincuente, la de detener, en su caso, a los presuntos responsables del delito, y la de **proteger a los ofendidos o perjudicados por el mismo, a sus familiares o a otras personas**, pudiendo acordarse a tal efecto las medidas cautelares a las que se refiere el artículo 544 bis o la **orden de protección prevista en el artículo 544 ter** de esta ley».*

De esta manera, la orden de protección se establece como una primera diligencia obligada cuando exista riesgo para la víctima, situándose en el núcleo de la reacción penal inmediata ante situaciones de riesgo.

|| Creación del artículo 544 ter de la LECrim

Por otro lado, la Ley 27/2003, de 31 de julio, introdujo el artículo 544 ter de la LECrim, por el cual se regula la orden de protección, que establece: los presupuestos de riesgo y existencia de indicios de violencia, los sujetos legitimados para solicitarla, el procedimiento urgente y contradictorio, su carácter integral y su comunicación automática a servicios sociales y Administraciones públicas.

Así pues, este artículo se constituye como el eje de la protección cautelar frente a la violencia de género y la violencia doméstica.

|| Creación del Registro Central para la Protección de las Víctimas de Violencia Doméstica

La Disposición adicional primera de la Ley 27/2003, de 31 de julio, ordena la creación del Registro Central para la Protección de las Víctimas de la Violencia Doméstica. Se concibe este registro como instrumento para gestionar y supervisar las órdenes de protección, coordinar judicialmente y con cuerpos policiales, garantizar un acceso controlado a las medidas vigentes y prevenir riesgos mediante información actualizada.

|| Comisión de seguimiento y protocolos de coordinación

La disposición adicional segunda de la Ley 27/2003, de 31 de julio, previó la creación de una comisión de seguimiento para evaluar la implantación de la orden de protección, elaborar protocolos de actuación homogéneos, mejorar la coordinación entre administraciones y asegurar la eficacia real de las medidas adoptadas.

Evolución posterior: la LO 1/2004, de 28 de diciembre

Tras su implantación inicial, la Ley Orgánica 1/2004, de 28 de diciembre, de Medidas de Protección Integral contra la Violencia de Género, extendió la aplicación del artículo 544 ter de la LECrim a los casos de violencia de género y reforzó la estructura asistencial.

A TENER EN CUENTA. El artículo 544 ter del CP solo menciona la violencia doméstica, pero también abarca la violencia de género. Aunque no lo menciona expresamente, esto es debido a que este artículo fue introducido por una ley anterior a la LO 1/2004, de 28 de diciembre y, por tanto, la referencia a violencia doméstica responde a una terminología preexistente, anterior al concepto autónomo de violencia de género. La LO 1/2004, de 28 de diciembre, establece en su artículo 62 la orden de protección de víctimas de violencia de género, remitiendo expresamente al artículo 544 ter de la LECrim.

5.2. La orden de protección del art. 544 ter de la LECRIM

La orden de protección del artículo 544 ter de la LECrim

El artículo 544 ter de la LECrim regula la orden de protección como una **resolución judicial cautelar e integral**, destinada a garantizar de forma inmediata la seguridad de las víctimas de violencia de género o violencia doméstica, así como la de menores o personas vulnerables convivientes.

Su finalidad es la de activar en un solo acto la respuesta pena, las medidas civiles urgentes y la activación de la red asistencial. De esta forma, la orden de protección permite: neutralizar riesgos mediante prohibiciones de acercamiento, comunicación u otras medidas, proteger a menores o personas dependientes expuestos a riesgos, adoptar medidas civiles provisionales (por ejemplo, el uso de la vivienda familiar, la custodia, visitas, alimentos...) y activar automáticamente los recursos sociales y asistenciales de todas las Administraciones.

|| ¿Quién puede solicitar una orden de protección?

Podrán solicitar la orden de protección:

1. La **víctima**.
2. El **Ministerio Fiscal**.
3. El **juez**, de oficio.
4. Los **servicios sociales** y entidades asistenciales, públicas o privadas.
5. Los **familiares** convivientes cuando proceda.

|| Procedimiento para solicitar una orden de protección

1. **Solicitud.** Se realiza mediante un formulario normalizado (modelo de solicitud de orden de protección por violencia de género y violencia doméstica) ante policía, juzgados/tribunales de instancia, fiscalía u oficinas de atención.
2. **Audiencia urgente.** Se convoca a la víctima, al investigado, al Ministerio Fiscal y a las partes interesadas.
3. **Práctica de la prueba.** Para acreditar la existencia de indicios y riesgos.
4. **Resolución motivada.** Con adopción de las medidas pertinentes.

5. **Notificación** inmediata a víctima y agresor.

6. **Comunicación** a administraciones competentes y activación automática de recursos sociales.

7. **Inscripción** en el Registro Central para la Protección de las Víctimas de Violencia Doméstica.

‖ Medidas que puede incluir la orden de protección

Las medidas **penales** pueden versar sobre la prohibición de aproximación, prohibición de comunicación, prohibición de residir en determinados lugares, retirada de armas, prisión provisional (si procede), etc. En el ámbito **civil** caben medidas relativas al uso y disfrute de la vivienda familiar, la custodia, visitas y estancias de menores, prestaciones de alimentos, medidas para proteger a menores o personas dependientes... Y en el ámbito **asistencial** o social caben medidas relativas a asistencia psicológica, social o jurídica, acceso a ayudas económicas, vivienda protegida y programas laborales, integración en el circuito de atención social autonómico o local...

‖ Vigencia y seguimientos de la orden de protección

La orden de protección debe ser objeto de seguimiento judicial para valorar si el riesgo persiste, si procede modificar o extinguir las medidas y si se garantiza su cumplimiento por parte de las instituciones policiales y sociales. Además, la víctima debe ser informada de la evolución del procedimiento y de sus derechos en todo momento.

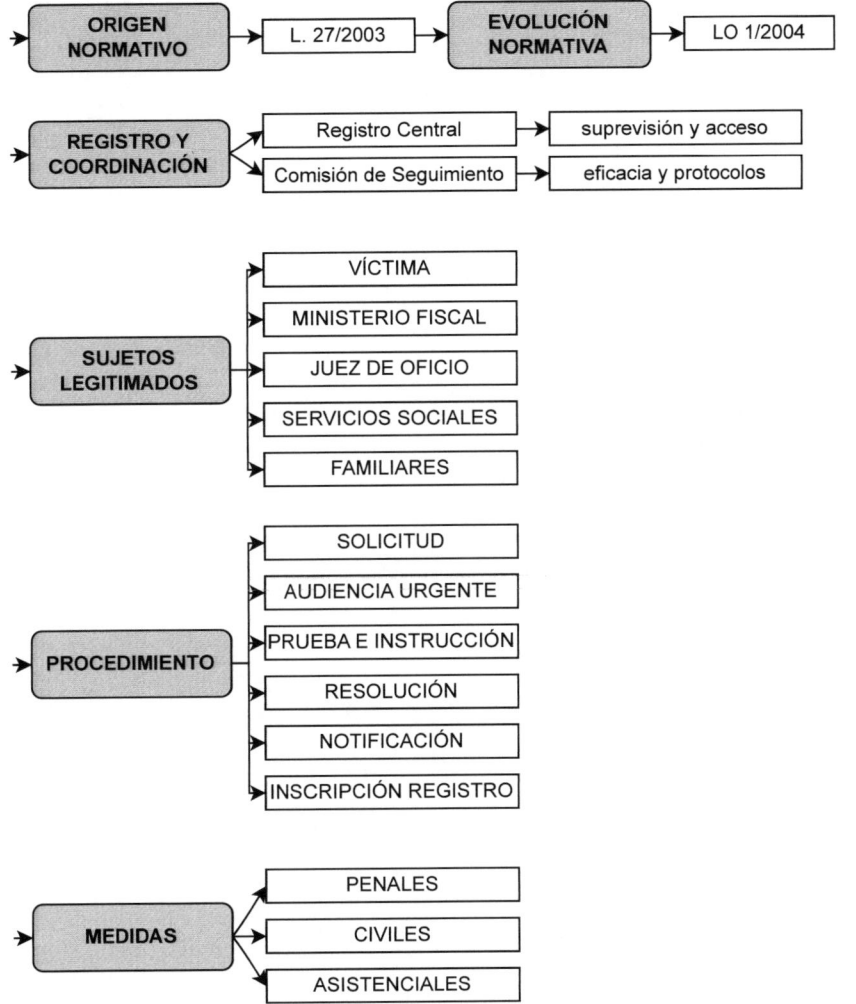

LA ORDEN DE PROTECCIÓN (ART. 544 TER LECRIM)

Resolución judicial rápida, cautelar e integral, para prevenir daños y reducir riesgos.

ORIGEN NORMATIVO → L. 27/2003 → **EVOLUCIÓN NORMATIVA** → LO 1/2004

REGISTRO Y COORDINACIÓN →
- Registro Central → suprevisión y acceso
- Comisión de Seguimiento → eficacia y protocolos

SUJETOS LEGITIMADOS →
- VÍCTIMA
- MINISTERIO FISCAL
- JUEZ DE OFICIO
- SERVICIOS SOCIALES
- FAMILIARES

PROCEDIMIENTO →
- SOLICITUD
- AUDIENCIA URGENTE
- PRUEBA E INSTRUCCIÓN
- RESOLUCIÓN
- NOTIFICACIÓN
- INSCRIPCIÓN REGISTRO

MEDIDAS →
- PENALES
- CIVILES
- ASISTENCIALES

CUESTIONES

1. ¿Comete quebrantamiento quien se comunica con la víctima alegando motivos relacionados con el hijo menor pese a existir una orden de protección vigente?

La sentencia del Tribunal Supremo n.º 664/2018, de 17 de diciembre, ECLI:ES:TS:2018:4341, resuelve un recurso de casación interpuesto por la acusación particular contra una sentencia absolutoria dictada en apelación. Los hechos giran en torno al quebrantamiento, por parte del acusado, de una orden de protección dictada en el contexto de violencia sobre la mujer, que prohibía al mismo acercarse a la víctima y comunicarse con ella por cualquier medio.

En este supuesto, el Juzgado de Violencia sobre la Mujer dictó auto por el que se acordaba la orden de protección solicitada por la víctima, acordando el alejamiento del acusado a su domicilio o centro de trabajo y lugar en que se encuentre a menos de 100 metros ni tener ninguna comunicación con ella por cualquier medio, directa o indirectamente, por escrito, vía telefónica o telemática por término de seis meses. A pesar de estas prohibiciones, y siendo conocedor de las mismas y de las consecuencias del incumplimiento, el acusado realizó diversas comunicaciones y un acercamiento a la vivienda de la víctima.

El Tribunal Supremo recuerda que «*(…) la protección de las víctimas prevalece sobre eventuales derechos derivado de la patria potestad, salvo en situaciones excepcionales que deban resolverse por otros cauces procesales o acudiendo a la autoridad judicial para adaptar la medida*». Por tanto, el tribunal interpreta que «*(…) para preciar dolo en el delito de quebrantamiento del artículo 468.2 CP, a falta de otra explícita mención en el tipo, bastará con acreditar el conocimiento de la vigencia de la medida o pena que pesa sobre el acusado y de que se produce su vulneración mediante cualquier comunicación con la víctima o el acercamiento a ella más allá de los limites espaciales fijados*». Así pues, es irrelevante la motivación personal o familiar, salvo casos de estado de necesidad real, grave e inminente, lo cual no concurre en el supuesto.

Por tanto, la protección de la víctima prevalece sobre los eventuales derechos derivados de la patria potestad, salvo en situaciones excepcionales, de modo que, el progenitor afectado por una orden de protección debe acudir al tribunal para resolver problemas referentes al menor y no puede vulnerar la orden aduciendo motivos parentales. La sentencia confirma la importancia de estas órdenes como garantía efectiva frente a situaciones de riesgo y como instrumento principal para proteger a las víctimas de violencia de género, conforme a la voluntad del legislador y la evolución jurisprudencial.

El TS anula la sentencia absolutoria y restablece la condena por quebrantamiento de condena, imponiendo al acusado la pena de 10 meses de prisión y demás consecuencias legales.

2. ¿Bastan las declaraciones de la víctima para desvirtuar la presunción de inocencia en un delito de quebrantamiento?

La sentencia de la AP de Málaga n.º 206/2024, de ECLI:ES:APMA:2024:2308, resuelve un recurso de apelación interpuesto por el acusado contra la sentencia que le condenaba por un delito de quebrantamiento de condena y un delito leve de injurias. Se consideran hechos probados que, el acusado tenía impuesta una prohibición de aproximarse a la víctima, a su domicilio o cualquier lugar que frecuente. El acusado quebrantó dicha medida al acercarse al lugar donde se hallaba la víctima e insultarla. El acusado alega que no existe prueba suficiente y cuestiona especialmente las declaraciones y la valoración de la prueba. Sin embargo, la AP desestima el recurso, señalando que la valoración de la prueba (en especial a la declaración de la denunciante) fue racional y suficiente para desvirtuar la presunción de inocencia.

A mayores, la sentencia destaca que la medida fue debidamente notificada y que el acusado era plenamente conocedor de su existencia y vigencia, extremo no discutido en el recurso. Confirma la sala que la conducta del acusado, al acercarse a la víctima y dirigirle insultos, constituye un acto típico de quebrantamiento según el apartado 2 del artículo 468 del Código Penal, dado que concurren todos los elementos: existencia de orden de protección, conocimiento por parte del penado y su efectivo incumplimiento voluntario. Así pues, se confirma íntegramente la condena, al considerar debidamente acreditado el quebrantamiento de la orden de protección dictada en beneficio de la víctima.

3. Si la víctima consiente mantener contacto o convivencia cuando existe una orden de protección en vigor, ¿existe delito de quebrantamiento?

A raíz de una denuncia presentada por la expareja del acusado, se dicta una orden de protección a su favor, que implicaba prohibición de acercamiento y comunicación por parte del acusado a menos de 500 metros, entre otras medidas. Dicha orden fue notificada y explícitamente requerida al acusado. Posteriormente, tras una segunda denuncia, otro juzgado dictó nueva orden de protección y acordó además la implantación de un control telemático sobre el acusado (pulsera de control). La SAP de Madrid n.º 827/2022, de 5 de diciembre, ECLI:ES:APM:2022:18347, enfatiza que **el consentimiento de la víctima resulta jurídicamente irrelevante**, es decir, incluso si la persona beneficiaria de la orden consiente o inicia el contacto, ello **no exime de responsabilidad penal al sujeto obligado por la medida**, pues el bien jurídico protegido es el principio de autoridad y el recto funcionamiento de la Administración de Justicia, además de la protección de la víctima. El acusado reconoció conocer las órdenes y su vigencia, admitiendo haber reanudado la convivencia con la víctima, manteniendo múltiples contactos telefónicos y visitas, quebrantando repetidamente las prohibiciones impuestas. Además, la sentencia recalca que la manipulación o inutilización del control telemático (pulsera) es constitutiva de un delito autónomo (apartado 3 del artículo 468 del Código Penal), sin exigir proximidad a la víctima. Consta que el acusado desactivó y se quitó el dispositivo de control telemático, lo que constituye un quebrantamiento agravado.

4. ¿El cumplimiento de la medida de alejamiento depende de la resolución final del procedimiento penal inicial que motivó la orden?

La SAP de Ávila n.º 1/2023, de 9 de enero, ECLI:ES:APAV:2023:1, establece que el delito de quebrantamiento se comete mientras la medida esté vigente, y **su vigencia es independiente del eventual resultado absolutorio del proceso penal en que se acuerda**. Así, la medida sigue siendo obligatoria para el destinatario, hasta que es dejada sin efecto expresamente o se dicta sentencia definitiva que así lo determine. La jurisprudencia citada establece que la eficacia de las órdenes de protección y alejamiento subsiste durante todo el periodo ordenado judicialmente, con independencia de que finalmente la causa penal acabe con sentencia absolutoria, salvo que en la propia sentencia se levante la medida cautelar.

En el caso concreto de la sentencia, aunque el acusado fue absuelto del procedimiento penal del que emanó la orden de protección, esto ocurrió después de los hechos enjuiciados (quebrantamiento en diciembre de 2021 y sentencia absolutoria en marzo de 2022). Por tanto, el deber de cumplimiento de la orden seguía vigente en el momento de los hechos, lo que justifica la condena por quebrantamiento.

5.3. El uso de las redes sociales para el quebrantamiento de la prohibición de comunicación

Utilización de las redes sociales para el quebrantamiento de la prohibición de comunicación

Artículo 468 del Código Penal
«1. Los que **quebrantaren su condena, medida de seguridad, prisión, medida cautelar, conducción o custodia** serán castigados con la pena de

prisión de seis meses a un año si estuvieran privados de libertad, y con la pena de multa de doce a veinticuatro meses en los demás casos.

2. Se impondrá en todo caso la pena de prisión de seis meses a un año a los que quebrantaren una pena de las contempladas en el artículo 48 de este Código o una medida cautelar o de seguridad de la misma naturaleza impuesta en procesos criminales en los que el ofendido sea alguna de las personas a las que se refiere el artículo 173.2, así como a aquellos que quebrantaren la medida de libertad vigilada.

3. Los que inutilicen o perturben el funcionamiento normal de los dispositivos técnicos que hubieran sido dispuestos para controlar el cumplimiento de penas, medidas de seguridad o medidas cautelares, no los lleven consigo u omitan las medidas exigibles para mantener su correcto estado de funcionamiento, serán castigados con una pena de multa de seis a doce meses».

Conducta punible: quebrantamiento de condena, medida de seguridad, prisión, medida cautelar, conducción o custodia.

Pena: prisión de seis meses a un año si estuvieran privados de libertad, y con la pena de multa de doce a veinticuatro meses en los demás casos.

No obstante, se impondrá, en todo caso, la pena de prisión de seis meses a un año a los que quebrantaren:

- Una pena del artículo 48 del Código Penal.
- Una medida cautelar o de seguridad, de igual naturaleza, impuesta en procesos criminales en los que el ofendido sea alguna de las personas a las que se refiere el apartado segundo del artículo 173 del Código Penal.
- Una medida de libertad vigilada.

A TENER EN CUENTA. Según lo dispuesto en el apartado tercero del artículo de referencia se castigará con una pena de multa de seis a doce meses a los que inutilicen o perturben el funcionamiento normal de los dispositivos técnicos que hubieran sido dispuestos para controlar el cumplimiento de penas, medidas de seguridad o medidas cautelares, no los lleven consigo u omitan las medidas exigibles para mantener su correcto estado de funcionamiento.

Ahora bien, el bien jurídico protegido «(...) no es ni en exclusiva ni siquiera de forma predominante la tutela de la víctima, sino **la efectividad de las resoluciones judiciales, el respeto y vigencia de las decisiones jurisdiccionales.** Su cumplimiento no queda a merced de la víctima; no pueden ser privatizadas o desoficializadas. Eso no significa que no podamos encontrar algún supuesto en que ante una clara iniciativa de la persona tutelada por la prohibición no fácilmente eludible por el condenado o encausado que se limita a una actitud pasiva, podamos entender que no surge responsabilidad penal por no existir acción u omisión atribuible a él directa y causalmente (...)» (STS n.º 803/2015, de 9 de diciembre, ECLI:ES:TS:2015:5785).

Un ejemplo paradigmático del referido comportamiento delictivo es el caso de **un condenado al que se le impone la prohibición de aproximarse**

a menos de 200 metros y a comunicarse con la víctima, y sin embargo se pone en contacto con la misma a través de la aplicación Messenger de su cuenta de Facebook, enviándole diferentes mensajes (**SAP de Pontevedra n.º 195/2019, de 17 de octubre, ECLI:ES:APPO:2019:2353**). Sobre esta misma temática es de resaltar la **SAP de Lleida n.º 71/2019, de 19 de febrero, ECLI:ES:APL:2019:294,** en la que se absuelve al acusado del delito de quebrantamiento de condena. El acusado tenía prohibido comunicarse durante 4 años por cualquier medio o procedimiento con quien había sido su pareja sentimental por una sentencia anterior. Tras esta condena, el acusado se puso en contacto a través de dos mensajes en Facebook con una amiga de la expareja para ver si podía hacer que ésta le dejara ver a la hija que tienen en común. Por estos hechos fue condenado en primera instancia.

En el recurso de apelación que ese interpone ante la AP de Lleida se argumenta que, puesto que no tiene establecido un régimen de visitas respecto de su hija, tuvo que enviar dichos mensajes a una intermediaria para intentar que su expareja sentimental le dejara verla, concluyendo por tal motivo que no existió el quebrantamiento de condena por el que ha sido condenado y se solicita su absolución. Pues bien, la AP considera que no concurre el elemento subjetivo del delito de quebrantamiento de condena.

> «Como dice la STS núm. 691/2018, de 21 de diciembre : 'el delito de quebrantamiento de condena o medida cautelar del artículo 468 CP requiere, como tipo objetivo, la existencia de una resolución que acuerde una condena, medida de seguridad, prisión, medida cautelar, conducción o custodia. Y que se ejecute una conducta que implique el incumplimiento de la misma. Como tipo subjetivo, el conocimiento de estos elementos, es decir, que el sujeto sepa que existía tal resolución, así como su contenido, y que sepa, igualmente, que con su forma de actuar está incumpliendo lo que la resolución le impone.
>
> Por lo tanto, el elemento subjetivo no consiste en la intención de incumplir la resolución, sino que basta con conocer que, con la conducta que se ejecuta, se incumple.' La misma STS citada, aún en referencia a la prohibición de aproximación pero con argumentos que son trasladables a la prohibición de comunicación, señala que 'la finalidad de la medida es garantizar la seguridad y la tranquilidad de esas personas, evitando la coincidencia física con el autor de los hechos que dan lugar a su adopción. Se trata de preservar a la víctima de los hechos de los daños que la presencia del autor puede ocasionar a su dignidad, al libre desarrollo de su personalidad y a su seguridad (STS núm. 840/2014, de 11 de diciembre).
>
> Dadas las innumerables posibilidades que presenta la realidad, las características concretas de la medida podrán depender de las peculiaridades de cada caso, de forma que el Juez o Tribunal que la acuerde deberá, en lo posible, determinar las condiciones en las que la misma deberá cumplirse, de modo que se obtenga la seguridad de la víctima, sin desconocer las exigencias de proporcionalidad de la reacción penal frente a unos determinados hechos.'».

Por ello, la AP de Lleida entiende que «no puede apreciarse (...) que en este concreto supuesto el acusado tuviera conocimiento de que con su conducta estaba incumpliendo el mandato judicial (…) cuando el acusado envió unos mensajes telemáticos, no a su expareja directamente, sino una amiga suya, no puede decirse que estableciera comunicación con ésta.

(…)

A ello debe añadirse que en los citados mensajes se limitaba a pedir a la amiga de la madre de su hija que a ver si podía hacer que ésta le dejara ver a la niña porque iba a estar fuera durante bastante tiempo, es decir, que hiciera de intermediaria, reflejando ello que, tal como expuso el acusado, no había podido ver a su hija, cuyo régimen de visitas no estaba definitivamente establecido, siendo así que en tal contexto y existiendo una hija común entre el acusado y la denunciante, de algún modo ambos debían comunicarse a través de intermediarios para que el citado régimen de visitas se estableciera, si es que a ello había lugar, y se cumpliera; es decir, que la comunicación entre ambos por medio de intermediarios hubiera sido inevitable para tal cometido, ante la existencia de las prohibiciones de aproximación y comunicación impuestas judicialmente en la concreta forma antes señalada».

Concluyendo que el acusado no tuvo conciencia de que enviando esos mensajes a una amiga de su expareja estuviera incumplimiento el mandato judicial que le prohibía únicamente comunicarse con ésta por cualquier medio, de modo que, no concurriendo el elemento subjetivo del delito, procede a su absolución.

CUESTIONES

1. ¿Qué medidas contempla el artículo 48 del Código Penal?

El art. 48 del CP contempla las siguientes medidas:

– La privación del derecho a residir en determinados lugares o acudir a ellos.

– La prohibición de aproximarse a la víctima, o a aquellos de sus familiares u otras personas que determine el juez o tribunal.

– La prohibición de comunicarse con la víctima, o con aquellos de sus familiares u otras personas que determine el juez o tribunal.

Dichas prohibiciones se regulan como penas privativas de derechos «(…) lo que implica que en su imposición habrán de cumplirse las previsiones generales de motivación de las penas. En este sentido, hemos señalado reiteradamente que la obligación de motivar las sentencias, derivada del derecho a la tutela judicial efectiva, y expresamente prevista en el artículo 120.3 de la Constitución, comprende la extensión de la pena (…)» (STS n.° 208/2017, de 28 de marzo, ECLI:ES:TS:2017:1204).

2. ¿A qué personas se refiere el apartado segundo del artículo 173 del Código Penal?

El apartado segundo del artículo 173 de la norma penal que nos ocupa se refiere a las siguientes personas:

– Quien sea o haya sido el cónyuge de la víctima.

– Persona que esté o haya estado ligada a la víctima por una análoga relación de afectividad aun sin convivencia.

– Descendientes, ascendientes de la víctima o hermanos por naturaleza, adopción o afinidad, propios de la víctima o de su cónyuge o conviviente.

- Menores o personas con discapacidad necesitadas de especial protección que con él convivan o que se hallen sujetos a la potestad, tutela, curatela, acogimiento o guarda de hecho del cónyuge o conviviente.

- Persona amparada en cualquier otra relación por la que se encuentre integrada en el núcleo de su convivencia familiar.

- Persona que por su especial vulnerabilidad se encuentran sometidas a custodia o guarda en centros públicos o privados.

En relación con lo anterior, el **Tribunal Supremo, en su sentencia n.º 770/2006, de 13 de julio, ECLI:ES:TS:2006:6182,** concreta que el sujeto pasivo del ilícito penal contenido en el antedicho precepto «(...) ha de guardar una relación especial con el agente —que puede ser tanto hombre como mujer— y amplia el mismo: así en relación a la convivencia derivada del matrimonio o relación de afectividad análoga, amplia el tipo a aquellos supuestos en que haya desaparecido el vínculo matrimonial o la convivencia *more uxorio* al tiempo de producirse la agresión, ya que el tipo penal anterior descansaba sobre una situación de presente. Ahora el tipo abarca situaciones en que la convivencia ya no existe, pero la agresión se produce en contemplación a aquella, los hijos propios o del cónyuge o conviviente, pupilos, ascendientes incapaces que con él convivan o que se hallen sujetos a la potestad, tutela, curatela acogimiento o guarda de hecho o de derecho de uno u otro».

3. ¿En qué consiste la medida de libertad vigilada?

La libertad vigilada consiste en someter al condenado a control judicial por medio del cumplimiento de alguna o algunas de las medidas siguientes:

- Obligaciones:

  » La obligación de estar siempre localizable mediante aparatos electrónicos que permitan su seguimiento permanente.

  » La obligación de presentarse periódicamente en el lugar que el juez o tribunal establezca.

  » La de comunicar inmediatamente, en el plazo máximo y por el medio que el juez o tribunal señale a tal efecto, cada cambio del lugar de residencia o del lugar o puesto de trabajo.

  » La obligación de participar en programas formativos, laborales, culturales, de educación sexual u otros similares.

  » La obligación de seguir tratamiento médico externo, o de someterse a un control médico periódico.

- Prohibiciones:

  » La prohibición de ausentarse del lugar donde resida o de un determinado territorio sin autorización del juez o tribunal.

  » La prohibición de aproximarse a la víctima, o a aquellos de sus familiares u otras personas que determine el juez o tribunal.

  » La prohibición de comunicarse con la víctima, o con aquellos de sus familiares u otras personas que determine el juez o tribunal.

  » La prohibición de acudir a determinados territorios, lugares o establecimientos.

  » La prohibición de residir en determinados lugares.

  » La prohibición de desempeñar determinadas actividades que puedan ofrecerle o facilitarle la ocasión para cometer hechos delictivos de similar naturaleza.

Para la jurisprudencia la libertad vigilada «(...) impone un sometimiento a control judicial a través de una o varias de las once medidas previstas (obligación de estar siempre localizable mediante aparatos electrónicos; presentación periódica en el lugar que se establezca; comunicación inmediata de cualquier modificación de residencia, o puesto de trabajo; prohibición de ausentarse del lugar de residencia o de un determinado territorio sin autorización; prohibición de aproximarse o comunicarse con la víctima u otras personas que se determinen; prohibición de acudir o residir en lugares específicos; o de desempeñar actividades que faciliten la ocasión para cometer hechos delictivos de similar naturaleza; obligación de participar en programas formativos, laborales, culturales, de educación sexual o similares; tratamiento médico externo; o control médico periódico» (STS n.º 768/2014, de 11 de noviembre, ECLI:ES:TS:2014:4716).

4. ¿El consentimiento de la víctima excluye la tipicidad del referido quebrantamiento?

A este respecto, nuestro más Alto Tribunal dispone, en su **STS n.º 268/2010, de 26 de febrero, ECLI:ES:TS:2010:1475**, que:

«(...) la vigencia del bien jurídico protegido no queda enervada o empañada por el consentimiento de la mujer, ya que es el principio de autoridad el que se ofende con el delito de quebrantamiento de medida. Cierto que tal medida se acuerda por razones de seguridad en beneficio de la mujer, para la protección de su vida e integridad corporal —que tampoco son bienes jurídicos disponibles por parte de aquélla— pero en cualquier caso no es el bien jurídico que directamente protege el precepto (STS n.º 1156/2005, de 26 de septiembre y n.º 69/2006, de 20 de enero).

Del propio modo, la STS 69/2006, de 20 enero, en donde se afirma que el consentimiento solamente podría apreciarse sobre la óptica de un error invencible de tipo.

Las condiciones psicológicas de la víctima, que se recogen en el tercero de los hechos probados, abundan la posición de la irrelevancia de tal consentimiento».

A mayor abundamiento, el mismo tribunal especifica, en la **STS n.º 172/2009, de 24 de febrero, ECLI:ES:TS:2009:924**, que:

«(...) El legislador ha resuelto de esta forma la concurrencia del derecho de la víctima a organizar su vida, o a reunirse o a compartirla con quien desee, o incluso a preferir la asunción de un riesgo a los inconvenientes de una medida protectora, con esta forma de satisfacer el interés público en la protección de los más débiles. Y, una vez dictada la sentencia, igualmente es de considerar el interés público en el cumplimiento de las decisiones firmes de los Tribunales, cuya obligatoriedad reconoce el artículo 118 de la Constitución.

No cabe, por lo tanto, aceptar que el acuerdo de acusado y víctima pueda ser bastante para dejar sin efecto el cumplimiento de la sentencia condenatoria».

5. ¿Es posible apreciar el error de prohibición?

El error de prohibición viene regulado en el apartado tercero del artículo 14 del Código penal de modo que:

- *El error invencible sobre la ilicitud del hecho constitutivo de la infracción penal excluye la responsabilidad criminal.*

- *El error vencible implica la imposición de la pena inferior en uno o dos grados.*

Como ejemplo de lo anterior, en un caso en el que al condenado se le había notificado la sentencia, inclusive la firmeza de la misma, *«(...) Es evidente que no puede alegarse error alguno respecto del conocimiento de la obligatoriedad de cumplir lo resuelto por el Juez por encima de los deseos de las partes, pues se trata de un aspecto de general conocimiento. De otro lado, no consta que el recurrente fuera informado de ninguna decisión del Juez que pudiera implicar una suspensión de la pena que le prohibía el acercamiento. Y finalmente, es asimismo claro que el recurrente tuvo a su alcance asesorarse a través de su letrado de sus posibilidades legales de actuación en vista de la condena impuesta, y de las consecuencias que podrían derivarse si incumplía lo acordado»* (STS n.º 172/2009, de 24 de febrero, ECLI:ES:TS:2009:924).

6.
LA VIOLENCIA ECONÓMICA EN EL ÁMBITO DE LA VIOLENCIA DE GÉNERO Y DOMÉSTICA

Concepto de violencia económica

La **violencia económica** puede definirse como cualquier conducta que implique la limitación, privación, retención o control injustificado de recursos económicos propios o comunes, con la consecuencia o finalidad de generar dependencia, sometimiento, vulnerabilidad o coacción hacia la víctima.

Cabe resaltar que este tipo de violencia afecta tanto a la mujer como, directa o indirectamente, a los hijos e hijas menores, siendo habitual que el agresor utilice la economía para mantener la relación de poder incluso tras la ruptura afectiva.

Los estudios oficiales del Ministerio de Igualdad confirman que la violencia económica no es un fenómeno aislado, sino una realidad de elevada prevalencia. Según el informe «*Estudio de la violencia económica contra las mujeres en sus relaciones de pareja o expareja*», elaborado por la Delegación del Gobierno contra la Violencia de Género, el 11,5 % de las mujeres de 16 o más años han sufrido violencia económica por parte de una pareja o expareja a lo largo de su vida. Esta cifra pone de relieve que se trata de una forma de violencia estructural que afecta a cientos de miles de mujeres en España.

La violencia económica como violencia de género

La Ley Orgánica 1/2004, de 28 de diciembre, de Medidas de Protección Integral contra la Violencia de Género, establece un concepto abierto y capaz de evolucionar de la violencia de género.

El artículo 1 de la LO 1/2004, de 28 de diciembre, considera la violencia de género como cualquier acto de violencia física o psicológica, ejercida contra la mujer por parte de quien sea o haya sido su pareja. Así pues, **la ley no menciona de manera expresa la violencia económica en su articulado principal, pero esta encaja necesariamente dentro de la violencia psicológica**, dado que implica un menoscabo de la autonomía, libertad y estabilidad vital de la mujer.

La jurisprudencia ha consolidado la violencia económica como una manifestación de maltrato psicológico, expresamente comprendido en la LO 1/2004, de 28 de diciembre. El control económico, la privación de recursos o la imposibilidad de acceder a trabajo remunerado son mecanismos de dominación que generan dependencia y anulan la autonomía personal de la víctima.

El informe del Ministerio de Igualdad citado anteriormente identifica las principales formas en las que la violencia económica se manifiesta en las relaciones de pareja: prohibición de decidir sobre la economía familiar o de realizar compras (7,5 %); negativa del agresor a entregar dinero para gastos del hogar aun disponiendo de él (6,3 %); coartar la libertad para estudiar o trabajar (5 %); o la obligación de contraer préstamos en beneficio del agresor (4,6 %). La existencia de estas conductas estandarizadas demuestra que la violencia económica responde a patrones reconocibles de control y sometimiento sobre la mujer.

El informe también señala que existe una **altísima interrelación entre la violencia económica y otras formas de violencia de género**: el 91,2 % de las mujeres que han sufrido violencia económica también han sido víctimas de violencia psicológica de control; el 87,1 % han sufrido violencia psicológica emocional; y un 57,9 % han sido víctimas de violencia física. Esta correlación demuestra que la violencia económica es un engranaje más dentro de un sistema de dominación integral que caracteriza a la violencia de género.

La sentencia del Tribunal Supremo n.º 41/2024, de 17 de enero, ECLI:ES:TS:2024:242, realiza un extenso análisis sobre la violencia económica en el contexto del delito de impago de pensiones. Se señala expresamente que el incumplimiento de la obligación de pagar la pensión de alimentos puede configurarse como una forma de violencia económica, tanto respecto de los hijos menores, que se ven privados de los recursos necesarios para su desarrollo, como respecto del progenitor custodio, quien debe suplir con su esfuerzo la falta de aportación del obligado.

Alude a la jurisprudencia reciente (STS n.º 239/2021, de 17 de marzo, ECLI:ES:TS:2021:941) que considera que, privar injustificadamente a los menores y a su cuidador principal del sustento fijado judicialmente, constituye una agresión a los derechos e intereses de los más vulnerables de la unidad familiar, **calificándolo como «violencia económica» cuando el impago tiene el efecto de someter o controlar económicamente, especialmente a la mujer tras la ruptura de la relación de pareja**. La sentencia recoge expresamente que, a menudo, el impago responde a la finalidad de mantener a la mujer en una situación de dependencia o control económico, considerándose también una manifestación de violencia de género contra las mujeres.

A mayores, menciona que la Ley Orgánica 8/2021, de 4 de junio, de protección integral a la infancia y la adolescencia frente a la violencia, reconoce la violencia económica como una forma de violencia contra la infancia y la adolescencia, al considerar como tal cualquier acción, omisión o trato negligente que prive de derechos y bienestar a los menores.

En conclusión, el Supremo afirma que el impago de pensiones es una modalidad de violencia económica, con especial repercusión en el ámbito de la violencia de género y en la protección de los menores, reiterando la necesidad de reparar el daño ocasionado por esta conducta.

JURISPRUDENCIA

Sentencia del Tribunal Supremo n.º 239/2021, de 17 de marzo, ECLI:ES:TS:2021:914

«(...) existe delito de impago de pensión alimenticia que puede configurarse como una especie de violencia económica, dado que el incumplimiento de esta obligación deja a los propios hijos en un estado de necesidad en el que, ante su corta edad, y carencia de autosuficiencia, necesitan de ese sustento alimenticio del obligado a prestarlo, primero por una obligación moral y natural que tiene el obligado y si ésta no llega lo tendrá que ser por obligación judicial. Y ello, al punto de que si se produce el incumplimiento del obligado a prestarlos, ello exige al progenitor que los tiene consigo en custodia a llevar a cabo un exceso en su esfuerzo de cuidado y atención hacia los hijos, privándose de atender sus propias necesidades para cubrir las obligaciones que no verifica el obligado a hacerlo. (...) Todo ello determina que podamos denominar a estas conductas como violencia económica cuando se producen impagos de pensiones alimenticias. Y ello, por suponer el incumplimiento de una obligación que no debería exigirse ni por ley ni por resolución judicial, sino que debería cumplirse por el propio convencimiento del obligado a cubrir la necesidad de sus hijos; todo ello desde el punto de vista del enfoque que de obligación de derecho natural tiene la obligación al pago de alimentos. (...) Además, si no se satisface la pensión alimenticia en la cuantía que se estipuló en convenio o resolución judicial será el progenitor que se queda con ellos en custodia quien tiene que sustituir con su esfuerzo personal, como hemos expuesto, el incumplimiento del obligado, con lo que, al final, se ejerce una doble victimización, a saber: sobre los hijos como necesitados de unos alimentos que no reciben y sobre el progenitor que debe sustituir al obligado incumplidor por tener que cubrir los alimentos que no presta el obligado a darlos».

Por otro lado, la disposición adicional 19 de la LO 1/2004, de 28 de diciembre, **reconoce expresamente** la violencia económica dentro del marco de la ley. Su contenido (centrado en el Fondo de Garantía de Pensiones de Alimentos) confirma que los impagos deliberados pueden constituir violencia económica y que el Estado debe de adoptar medidas de protección específicas. Así pues, esta disposición actúa como ratificación normativa de que el fenómeno ya estaba incluido en la ley bajo las categorías generales de violencia psicológica y estructural.

A mayores, el **Convenio de Estambul**, de 11 de mayo, sobre prevención y lucha contra la violencia contra la mujer y la violencia doméstica, de obligado cumplimiento para España, reconoce expresamente la violencia económica como una forma de violencia contra las mujeres. Su artículo 3 versa de la siguiente manera:

«Por "violencia contra la mujer" se deberá entender una violación de los derechos humanos y una forma de discriminación contra las mujeres, y se designarán todos los actos de violencia basados en el género que implican o pueden implicar para las mujeres daños o sufrimientos de naturaleza física, sexual, psicológica o **económica**, incluidas las amenazas de realizar dichos actos, la coacción o la privación arbitraria de libertad, en la vida pública o privada;

b) Por "violencia doméstica" se entenderán todos los actos de violencia física, sexual, psicológica o **económica** que se producen en la familia o en el hogar o entre cónyuges o parejas de hecho antiguos o actuales, independientemente de que el autor del delito comparta o haya compartido el mismo domicilio que la víctima; (...)».

El convenio obliga a los Estados a adoptar medidas para prevenir la dependencia económica de las víctimas y garantizar su autonomía, incluyendo políticas de empleo, protección social y acceso a recursos económicos.

Así pues, la LO 1/2004, de 28 de diciembre, debe interpretarse conforme al Convenio, reforzándose esta manera la consideración de la violencia económica como violencia de género.

Cabe destacar también, que la exposición de motivos de la LO 1/2004, de 28 de diciembre, identifica la violencia de género como una violencia estructural, que se asienta en la desigualdad histórica entre hombres y mujeres. La dependencia económica ha sido históricamente un elemento clave del sometimiento femenino. Resulta entonces imposible cumplir la finalidad de la ley sin integrar expresamente la violencia económica como un instrumento de dominación patriarcal.

La violencia económica como violencia doméstica

Más allá del componente de género, la violencia económica también puede integrarse en el ámbito de la familia, entre personas unidas por relaciones de convivencia o parentesco. En estos casos, la conducta se integra en el marco de la violencia doméstica, tipificada en el apartado 2 del artículo 173 del Código Penal y en el artículo 153 del Código Penal, cuando las conductas de control o privación económica afectan a la integridad moral y a la convivencia familiar.

La sentencia del Tribunal Supremo n.º 6/2024, de 8 de enero, ECLI:ES:TS:2024:32, hace referencia explícita en el apartado de hechos probados al concepto de violencia económica en los siguientes términos: «*La sentencia destaca que, desde que los hijos están bajo la guarda y custodia del padre, la madre no contribuye a satisfacer sus alimentos, obligando al padre a hacerlo con sus propios ingresos, lo que califica de **violencia económica contra el padre**, al tener que soportar todos los gastos de los menores de su propio pecunio*». Así, en este contexto, el tribunal considera que la total asunción de los gastos por el padre, ante la inactividad contributiva de la madre, supone una vulneración del deber de contribuir a los alimentos, constituyendo lo que califica como violencia económica, por obligar a uno de los dos progenitores a sufragar en exclusiva el sustento de los hijos comunes.

Manifestaciones de la violencia económica

Entre las formas más habituales de violencia económica se pueden citar:

- Privación injustificada de recursos básicos: impedir el acceso al dinero, alimentos, medicinas, transporte o medios imprescindibles.
- Control absoluto o abusivo de los recursos económicos de la mujer: conductas como exigir justificantes, imponer límites arbitrarios o supervisar de modo humillante los gastos.
- Apropiación del salario o prestaciones de la víctima: retener los ingresos propios de la víctima.

- Impedir trabajar o sabotear su desempeño laboral: negativa a contribuir económicamente a las cargas familiares, especialmente en perjuicio de los hijos. Impedir trabajar, dificultar la búsqueda de empleo, obstaculizar la formación o desacreditar profesionalmente.

- Endeudamiento forzado: obligar a la víctima a firmar préstamos, avales o contratos que la comprometen económicamente.

- Ocultación o sustracción del patrimonio común para perjudicar a la mujer, con el fin de evitar que la víctima disponga de los recursos.

- Impago deliberado de pensiones como forma de castigo o control tras la ruptura.

- Limitación injustificada del acceso a cuentas de patrimonio común.

Todas estas conductas implican una afectación a la autonomía y libertad de la mujer, produciendo un deterioro emocional que integra la violencia psicológica.

La **prueba** de la violencia económica consta de particularidades, ya que suele ser silenciosa y prolongada en el tiempo, por tanto, podrá realizarse la prueba a través de extractos bancarios y documentación económica, movimientos financieros, informes sociales y psicológicos, testificales, comunicaciones que evidencien coacción o control del agresor, expedientes de impago deliberado, etc.

7.
LA VIOLENCIA DE GÉNERO Y SUS REPERCUSIONES EN LA CUSTODIA Y EN EL RÉGIMEN DE VISITAS

¿Cómo afecta la violencia de género al régimen de custodia?

Aunque nos enfrentemos a una situación que compete al ámbito penal, la sección de violencia sobre la mujer tiene competencia para ventilar cuestiones civiles vinculadas a la causa penal —art. 89 de la LOPJ—.

Debido a la relevancia de determinar la custodia de los menores, y con el objeto de brindarles la mayor protección, la disposición final tercera de la LO 8/2015, de 22 de julio, modificó la LO 1/2004, de 28 de diciembre. Asimismo, cabe destacar, en esta línea, la LO 10/2022, de 6 de septiembre, de garantía integral de la libertad sexual, y la LO 8/2021, de 4 de junio, de protección integral a la infancia y la adolescencia frente a la violencia, que también introdujeron modificaciones en la LO 1/2004, de 28 de diciembre.

El preámbulo de la Ley 8/2015, de 22 de julio, es tajante a la hora de expresar que cualquier forma de violencia ejercida sobre un menor es injustificable:

> «(...) Entre ellas, es singularmente atroz la violencia que sufren quienes viven y crecen en un entorno familiar donde está presente la violencia de género. Esta forma de violencia afecta a los menores de muchas formas. En primer lugar, condicionando su bienestar y su desarrollo. En segundo lugar, causándoles serios problemas de salud. En tercer lugar, convirtiéndolos en instrumento para ejercer dominio y violencia sobre la mujer. Y, finalmente, favoreciendo la transmisión intergeneracional de estas conductas violentas sobre la mujer por parte de sus parejas o exparejas. La exposición de los menores a esta forma de violencia en el hogar, lugar en el que precisamente deberían estar más protegidos, los convierte también en víctimas de la misma. (...)».

Por todo ello, resulta necesario **reconocer a los menores como víctimas indirectas de la violencia de género**, y hacer hincapié en la obligación de los jueces de pronunciarse sobre las medidas cautelares, de aseguramiento y, en particular, sobre las medidas civiles que afectan a los menores que dependen de la mujer sobre la que se ejerce violencia.

|| Guarda y custodia compartida en situaciones de violencia

Aunque **nuestra jurisprudencia prioriza la institución de un sistema de guarda y custodia compartida** como sistema normal e incluso deseable, ante situaciones de violencia el legislador ha regulado su inaplicación expresamente. Es en el apartado 7 del art. 92 del CC donde nuestro ordenamiento jurídico **recoge, de forma clara y taxativa**, aquellos supuestos en los que **no procederá la fijación de una guarda y custodia compartida:**

> «No procederá la guarda conjunta cuando cualquiera de los progenitores **esté incurso en un proceso penal iniciado por intentar atentar contra la vida, la integridad física, la libertad, la integridad moral o la libertad e indemnidad sexual del otro cónyuge o de los hijos** que convivan con ambos. Tampoco procederá cuando el juez advierta, de las alegaciones de las partes y las pruebas practicadas, la **existencia de indicios fundados de violencia doméstica o de género**. Se apreciará también a estos efectos la existencia de malos tratos a animales, o la amenaza de causarlos, como medio para controlar o victimizar a cualquiera de estas personas».

Por tanto, la institución de una guarda y custodia compartida es incompatible con la violencia de género o con la violencia sobre los menores. No obstante, la existencia de dicha circunstancia puede no llevar a la automática denegación de la custodia compartida, sino requerir que se diluciden en cada caso las circunstancias concretas, adoptando la decisión en atención al principio rector del **interés superior del menor.**

A TENER EN CUENTA. El ATS, rec. 8870/2021, de 11 de enero de 2023, ECLI:ES:TS:2023:581A, planteó cuestión de inconstitucionalidad respecto del apartado 7 del art. 92, del CC, por su eventual oposición con los siguientes preceptos: apartado 1 del art. 10 de la CE, que reconoce el derecho al libre desarrollo de la personalidad; art. 8 del CEDH, que protege la vida familiar; apartados 1, 2 y 4 del art. 39 de la CE, que consagra el principio del interés superior del menor, como igualmente hace el apartado 1 del art. 3, de la Convención de los Derechos del Niño, adoptada por la Asamblea General de las Naciones Unidas el 20 de noviembre de 1989, y el apartado 2 del art. 24 de la Carta de Derechos Fundamentales de la Unión Europea, en relación con el art. 10.2 de la CE. Entiende el TS que el mencionado apartado 7 del art. 92 del CC puede colisionar con la protección del interés del menor, y cabrían otras medidas alternativas menos gravosas, como sería el prudente arbitrio judicial.

Así pues, y pese a que nuestro ordenamiento jurídico es claro, **la jurisprudencia atravesó un periodo flexibilizador** en el que la mera denuncia no bastaba para excluir la guarda compartida, ni tan siquiera para excluir la guarda individual a favor del progenitor denunciado.

Esta tendencia flexibilizadora fue acogida por las siguientes normas autonómicas:

- País Vasco: Ley 7/2015, de 30 de junio, de relaciones familiares en supuestos de separación o ruptura de los progenitores. La regulación del País Vasco establece la prohibición legal de la guarda, las estancias y las comunicaciones con el progenitor encausado por violencia de género o violencia intrafamiliar. Sin embargo, para que esta prohibición sea aplicable, se requiere una condena penal firme por delitos de violencia doméstica o de género. Además, incluso existiendo tal condena, la ley prevé la posibilidad de fijar, de manera excepcional, estancias o un régimen de relación o comunicación, atendiendo al interés superior de los menores, la gravedad del delito, la naturaleza y duración de la pena, el carácter reincidente o no del progenitor y su peligrosidad.

En este sentido resulta de interés traer a colación la **sentencia de la Audiencia Provincial de Bizkaia n.º 841/2018, de 30 de noviembre, ECLI:ES:AP-BI:2018:2707,** mediante la que se resuelve a favor del mantenimiento de la custodia individual paterna pese a existir diligencias abiertas contra este en materia de violencia de género, al no existir condena toda vez que como dice la sentencia *«(...) no consta que haya alcanzado tal estado procesal, ni que haya habido juicio».*

- **Ley 1/1973, de 1 de marzo, por la que se aprueba la Compilación del Derecho Civil Foral de Navarra.** La legislación navarra también regula las decisiones que han de tomarse en materia de guarda y custodia en situaciones de violencia. Lo hace flexibilizando la normativa estatal toda vez que, de conformidad con lo establecido **en la Ley 71 de la Ley 1/1973, de 1 de marzo,** la mera denuncia no es suficiente para impedir un pronunciamiento de guarda compartida o individual a favor del progenitor denunciado, sino que tal prohibición legal **exige un razonamiento sobre la existencia de indicios fundados y racionales de violencia doméstica o de género,** razonamiento que deberá recogerse en la resolución civil que se dicte.

- Ley 25/2010, de 29 de julio, del libro segundo del Código Civil de Cataluña, relativo a la persona y la familia. El legislador catalán exigía la condena firme para excluir la posibilidad de atribuir la guarda compartida o individual a favor de progenitor incurso en el proceso penal por violencia, si bien desde el 3 de diciembre del 2021, se refiere a la existencia de **indicios fundamentados** de que se ha cometido violencia familiar o machista, o encontrarse **incurso en un proceso penal,** o estar en **prisión** por atentar contra la vida, la integridad física, la libertad, la integridad moral o la libertad y la indemnidad sexual del otro progenitor o sus hijos o hijas (art. 233-11.3 del CCCat).

- Decreto Legislativo 1/2011, de 22 de marzo, del Gobierno de Aragón. Por su parte, la legislación aragonesa establece una regulación similar a la prevista en Navarra, **excluyendo la guarda compartida y la individual cuando haya indicios fundados de violencia doméstica o de género.** Así, en su **artículo 80, apartado 6 de la Ley 6/2016,** el legislador navarro establece que:

  «No procederá la atribución de la guarda y custodia a uno de los progenitores, ni individual ni compartida, cuando esté incurso en un proceso penal iniciado por atentar contra la vida, la integridad física, la libertad, la integridad moral o la libertad e indemnidad sexual del otro progenitor o de los hijos, y se haya dictado **resolución judicial motiva-da** en la que se constaten indicios fundados y racionales de criminalidad. Tampoco procederá cuando el Juez advierta, de las alegaciones de las partes y las pruebas practicadas, la existencia de **indicios fundados** de violencia doméstica o de género».

No obstante lo anterior, actualmente en materia de custodia compartida constituye doctrina jurisprudencial que el establecimiento de este sistema debe cumplir la premisa de que entre los padres exista una relación de mutuo respeto en sus relaciones personales, de tal modo que permita:

- La adopción de actitudes y conductas que beneficien al menor.

- Que dichas actitudes y conductas no perturben su desarrollo emocional.

- Que, pese a la ruptura afectiva de estos, se mantenga un marco familiar de referencia que sustente un crecimiento armónico de su personalidad.

Anteriormente, aun en situaciones de violencia, la relación existente entre los cónyuges, por sí sola, no era relevante si esta no perjudicaba el interés del menor, tal y como señaló la Sala Primera del **Tribunal Supremo** en su **STS n.º 579/2011, de 22 de julio, ECLI:ES:TS:2011:4924**, al establecer como doctrina que:

> «En cualquier caso, debe repetirse, como ya lo ha hecho esta Sala en anteriores Sentencias (Ver S.S.T.S., entre otras, de 10 octubre 2010 y 11 febrero 2011) que **lo que importa garantizar o proteger con este procedimiento es el interés del menor**, que si bien es cierto que tiene derecho a relacionarse con ambos progenitores, esto ocurrirá siempre que no se lesionen sus Derechos fundamentales a la integridad física y psicológica, libertad, educación, intimidad, etc. De donde **todos los requerimientos establecidos en el Art. 92 CC han de ser interpretados con esta única finalidad**. Y ello sin perjuicio de que esta medida pueda ser revisada cuando se demuestre que ha cambiado la situación de hecho y las nuevas circunstancias permiten un tipo distinto de guarda o impiden el que se había acordado en un momento anterior.
> De aquí que las relaciones entre los cónyuges por sí solas no son relevantes ni irrelevantes para determinar la guarda y custodia compartida. Solo se convierten en relevantes cuando afecten, perjudicándolo, el interés del menor».

Si bien, lo cierto es que, **las situaciones de violencia son incompatibles con la «relación pacífica» entre los progenitores que, jurisprudencialmente, se ha venido estableciendo como requisito esencial para la adopción de la institución de la modalidad de guarda y custodia compartida.** La postura mantenida por nuestro Alto Tribunal ante tales circunstancias es clara en este sentido:

> Sentencia del Tribunal Supremo n.º 36/2016, de 4 de febrero, ECLI:ES:TS:2016:188
> «(...) sus razones no pueden dejar sin repuesta **hechos indiscutidos de violencia en el ámbito familiar, con evidente repercusión en los hijos, que**

viven en un entorno de violencia, del que son también víctimas, directa o indirectamente, y a quienes el sistema de guarda compartida propuesto por el progenitor paterno y acordado en la sentencia les colocaría en una situación de riesgo por extensión al que sufre su madre, directamente amenazada. Es doctrina de esta Sala (SSTS 29 de abril de 2013; 16 de febrero y 21 de octubre 2015), que la custodia compartida conlleva como premisa la necesidad de que entre los padres exista una relación de mutuo respeto en sus relaciones personales que permita la adopción actitudes y conductas que beneficien al menor, que no perturben su desarrollo emocional y que pese a la ruptura afectiva de los progenitores se mantenga un marco familiar de referencia que sustente un crecimiento armónico de su personalidad.

Y es que una cosa es la lógica conflictividad que puede existir entre los progenitores como consecuencia de la ruptura, y otra distinta que ese marco de relaciones se vea tachado por una injustificable condena por un delito de violencia de género que aparta al padre del entorno familiar y de la comunicación con la madre, lo que van a imposibilitar el ejercicio compartido de la función parental adecuado al interés de sus dos hijos».

Sentencia del Tribunal Supremo n.º 350/2016, de 26 de mayo, ECLI:ES:TS:2016:2304

«En el caso de autos consta un auto de incoación de procedimiento abreviado (no firme) en el que se concretan los indicios existentes de un delito de violencia doméstica, unido a que en la propia sentencia recurrida se declara que "pues si bien es cierto que el padre mantiene con la madre una relación de falta total de respeto, incluso abusiva y dominante, ello no es relevante para determinar la guarda y custodia compartida".

Partiendo de delito sometido a enjuiciamiento y de las actitudes del padre, ejerciendo una posición irrespetuosa de abuso y dominación, es impensable que pueda llevarse a buen puerto un sistema de custodia compartida que exige, como la jurisprudencia refiere, un mínimo de respeto y actitud colaborativa, que en este caso brilla por su ausencia, por lo que procede casar la sentencia por infracción de la doctrina jurisprudencial, dado que la referida conducta del padre, que se considera probada en la sentencia recurrida, desaconseja un régimen de custodia compartida, pues afectaría negativamente al interés del menor, quien requiere un sistema de convivencia pacífico y estable emocionalmente».

Sentencia del Tribunal Supremo n.º 175/2021, de 29 de marzo, ECLI:ES:TS:2021:1226

«(...) no podemos considerar que un régimen de custodia compartida sea conveniente para el interés y beneficio de la niña; pues existe una dinámica de imposición del demandado y desconsideración hacia la actora, que además proyecta sobre la hija común, que no genera un clima proclive a su establecimiento, que requiere una intensa colaboración entre los progenitores y un modelo de respeto recíproco que además sirva de ejemplo o pauta de actuación para la menor que, en este caso, no concurre por el comportamiento del padre».

CUESTIONES

1. ¿La prohibición de comunicación de uno de los progenitores con el otro puede impedir la adopción del sistema de custodia compartida?

Sí. Aunque los tribunales deben llevar a cabo un exhaustivo análisis de las circunstancias existentes en cada caso concreto para determinar qué sistema se erige como el más apropiado en atención al interés del menor, jurisprudencialmente se requiere una mínima relación de mutuo respeto entre los progenitores, que permita llegar a cierto consenso en relación con las decisiones sobre la vida del menor. La prohibición de comunicación puede constituirse como causa que obste el establecimiento de esta medida, toda vez que la misma conlleva a una absoluta imposibilidad de diálogo entre los progenitores. (En este sentido, cabe mencionar la **sentencia del Tribunal Supremo n.º 23/2017, de 17 de enero, ECLI:ES:TS:2017:161**).

2. ¿La sentencia absolutoria de uno de los progenitores por la denuncia presentada por el otro en relación a un delito violencia de género y/o en el ámbito familiar, puede erigirse como cambio de circunstancias que permita la revisión del sistema de guarda establecido y que había sido denegado por aplicación del art. 92.7 del Código Civil?

Sí. La **sentencia del Tribunal Supremo n.º 251/2016, de 13 de abril, ECLI:ES:TS:2016:1638**, se pronuncia ante un supuesto de estas circunstancias en el que la sala reconoce la existencia de un cambio significativo de las circunstancias, al quedar el padre absuelto del delito de maltrato habitual y amenazas por los que lo denunció su esposa, dado que esta circunstancia había sido uno de los elementos que motivaron la denegación de la custodia compartida.

3. ¿Pueden tenerse en cuenta las denuncias de violencia de género archivadas a la hora de establecer una custodia compartida?

El Tribunal Supremo, en su **sentencia n.º 338/2022, de 28 de abril, ECLI:ES:TS:2022:1766**, confirma el establecimiento de la guardia y custodia compartida pese a existir varias denuncias de violencia de género archivadas: «*En la sentencia recurrida no se infringe el art. 24 de la Constitución, en cuanto se valoró la existencia de denuncias (que no condenas) por violencia de género, pero para no considerarlas un hecho impeditivo de la custodia compartida, ya que estaban archivadas (art. 92.7 C. Civil) (sentencia de esta sala 228/2022, de 28 de marzo)*».

En definitiva, ante situaciones de violencia de género, debe excluirse de manera automática un régimen de custodia compartida. Ante la duda de si esta automaticidad podría colisionar con el interés del menor, el Supremo planteó cuestión de inconstitucionalidad mediante **ATS, rec. 8870/2021, de 11 de enero de 2023, ECLI:ES:TS:2023:581A**.

En relación con la citada disyuntiva, resulta de interés la **sentencia del TSJ de Navarra n.º 4/2019, de 29 de marzo, ECLI:ES:TSJNA:2019:157**, que anula la decisión tomada por la audiencia provincial de conceder la custodia de los dos hijos menores a la madre sin valorar la idoneidad de esta ni excluir la posibilidad de otorgarla al padre, condenado por un delito de maltrato no habitual (en aquel momento no firme, pero sí firme cuando se resolvió el recurso de casación).

En este sentido, razona el TSJ de Navarra lo siguiente:

«(...) es necesario analizar, en todo caso, la situación existente, y ello por varios motivos. Por un lado, por lo anteriormente expuesto, es decir, porque habiendo sentencia penal firme que no suspende la guarda del padre, no cabe derivar tal suspensión de normas civiles, es decir, que la guarda se le podría haber otorgado a él, y esta circunstancia no fue valorada por la Audiencia Provincial. Por otro lado, porque aunque el criterio de la Audiencia respecto a las normas civiles fuese aplicable, lo cierto es que también debería haberse hecho tal valoración del interés de los menores, y ello porque parece otorgar de forma automática la guarda a la madre por el simple hecho de que entiende que no puede hacerlo con el padre, como si no existieren otras opciones, o lo que es lo mismo, que la idoneidad de la madre para obtener la guarda también debió ser valorada».

CUESTIÓN

¿Puede establecerse una custodia compartida cuando existan antecedentes por violencia ya cancelados?

Sí. Así lo ha reconocido el Tribunal Supremo en **STS n.º 228/2022, de 28 de marzo, ECLI:ES:TS:2022:1207**, que establece: «*Dado que de acuerdo con el art. 136 del Código Penal procede la cancelación de los antecedentes delictivos a los seis meses, debemos concluir que no es computable la condena como óbice para el establecimiento de la custodia compartida, al no estar incurso el Sr. Celso en una condena penal, por lo que cuando la Audiencia Provincial fijó el sistema de custodia compartida, no infringió el art. 92.7 del C. Civil*».

Régimen de estancias, visitas y comunicaciones en situaciones de violencia

El art. 94 del CC fue modificado por la Ley 8/2021, de 2 de junio, que introdujo la prohibición expresa de establecer un régimen de visitas o estancia a favor del progenitor, so pena de suspensión, en los siguientes casos:

- Progenitor incurso en un **proceso penal** por atentar contra la vida, la integridad física, la libertad, la integridad moral o la libertad e indemnidad sexual del otro cónyuge o sus hijos.

- Cuando la autoridad judicial advierta, de las alegaciones de las partes y las pruebas practicadas, la existencia de **indicios fundados** de violencia doméstica o de género. No obstante, la autoridad judicial podrá establecer un régimen de visita, comunicación o estancia en resolución motivada en el interés superior del menor o en la voluntad, deseos y preferencias del mayor con discapacidad necesitado de apoyos y previa evaluación de la situación de la relación paternofilial.

- Progenitor en **prisión**, provisional o por sentencia firme, acordada en procedimiento penal por delitos de violencia doméstica o de género.

La autoridad judicial podrá reconocer el derecho de comunicación y visitas, previa audiencia de los progenitores y de quien lo hubiera solicitado por su condición de hermano, abuelo, pariente o allegado del menor o del mayor con discapacidad que precise apoyo para tomar la decisión, quienes deberán prestar su consentimiento. Y resolverá teniendo presente el interés del menor o la voluntad, deseos y preferencias del mayor con discapacidad.

Los criterios del Alto Tribunal en la **STS n.º 680/2015, de 26 de noviembre, ECLI:ES:TS:2015:4900,** cristalizaron en la reforma operada por la Ley 8/2021, de 2 de junio, en el CC. Se alinean con lo dispuesto en la sentencia los siguientes preceptos:

- Art. 94 del CC, conforme al cual, el tribunal puede limitar o suspender el derecho de visitas.

- Art. 66 de la LO 1/2004, de 28 de diciembre, donde se autoriza la suspensión o restricción del derecho de visita y comunicación.

- Convenio de Naciones Unidas sobre Derechos del Niño y la Carta Europea de Derechos del Niño, cuyo art. 3 estima prioritario el interés superior del menor, igual que la Carta Europea de Derechos del Niño de 1992.

- LO 8/2015, de 22 de julio, que desarrolla el concepto de interés superior del menor, al que la sentencia alude, no aplicable por su fecha a los hechos, pero, tal y como se afirma en la citada resolución:

  > «(...) sí extrapolable como canon hermenéutico, en el sentido de que «se preservará el mantenimiento de sus relaciones familiares», se protegerá «la satisfacción de sus necesidades básicas, tanto materiales, física y educativas como emocionales y afectivas"; se ponderará "el irreversible efecto del transcurso del tiempo en su desarrollo"; "la necesidad de estabilidad de las soluciones que se adopten..." y a que "la medida que se adopte en el interés superior del menor no restrinja o limite más derechos que los que ampara".
  >
  > Igualmente el art. 2 de la mencionada LO 8/2015 exige que la vida y desarrollo del menor se desarrolle en un entorno "libre de violencia" y que "en caso de que no puedan respetarse todos los intereses legítimos concurrentes, deberá primar el interés superior del menor sobre cualquier otro interés legítimo que pudiera concurrir"».

Aplicando los anteriores criterios, el Tribunal Supremo se pronuncia —en la STS n.º 680/2015—, estableciendo lo siguiente:

- Deben restringirse los contactos del menor con el progenitor condenado por malos tratos a otro de sus hijos. Para fijar estos contactos, se atenderá al factor de riesgo más evidente (menor con escasas posibilidades de defensa).

- Cabe aplicar los arts. 94 del CC y el 65 de la LO 1/2004, de 28 de diciembre, sin que quepa fijar un régimen de visitas a favor del demandante para con su hija. Una vez cumplida la pena, podrá solicitar el establecimiento de medidas en procedimiento contradictorio que garantice el interés de la menor, a fin de descartar todo posible riesgo para ella.

- Se fija como **doctrina jurisprudencial** que el **tribunal podrá suspender el régimen de visitas del menor con el progenitor condenado por delito de maltrato con su cónyuge o pareja y/o por delito de maltrato con el menor o con otro de los hijos, valorando los factores de riesgo existentes.**

Mediante la **sentencia del Tribunal Supremo n.º 598/2015, de 27 de octubre, ECLI:ES:TS:2015:4452,** el Alto Tribunal desestima el establecimiento de un sistema de visitas restrictivo interesado por la recurrente al no constar datos suficientes que evidencien que un sistema normal de visitas pueda **generar una situación de riesgo o perjuicio de las menores,** centrando su valoración en los factores de riesgo existentes de acuerdo con la doctrina de la Sala.

El **art. 66 de la LO 1/2004, de 28 de diciembre**, tras la reforma operada por la LO 10/2022, de 6 de septiembre, de garantía integral de la libertad sexual, dispone que el tribunal ordenará la **suspensión del régimen de visitas, estancia, relación o comunicación del inculpado por violencia de género respecto de los menores que dependan de él**. Con esta modificación se instaura que **la norma general es suspender el régimen de visitas y la excepción es establecerlo,** de forma que, si se considerase, en aras del interés superior del menor, conveniente el establecimiento del régimen de visita a favor del inculpado, el juez deberá pronunciarse, por un lado, de cómo se van a realizar las estadías, relaciones o comunicaciones y, por otro lado, de las medidas para garantizar la seguridad, integridad y recuperación de los menores y de la mujer.

Los servicios de atención especializada adoptarán las medidas oportunas para garantizar la seguridad de los menores y de la mujer víctima de violencia de género, debiendo, el tribunal, coordinarse con los mismos para realizar un seguimiento periódico de la evolución de estas medidas.

Para una decisión correcta en este sentido, deberán contemplarse:

- La vinculación y grado de relación existente entre el padre y los menores.
- La opinión del menor.
- El contenido del informe emitido por el equipo psicosocial.

A este respecto, es relevante el art. 544 quinquies de la LECrim, añadido por la Ley 4/2015, de 27 de abril, del Estatuto de la víctima del delito, en tanto que regula medidas de protección para menores o personas con discapacidad con medidas de apoyo, cuando se investiguen delitos del artículo 57 del CP (homicidio, aborto, lesiones, contra la libertad, de torturas y contra la integridad moral, trata de seres humanos, contra la libertad e indemnidad sexuales, la intimidad, el derecho a la propia imagen y la inviolabilidad del domicilio, el honor, el patrimonio, el orden socioeconómico y las relaciones familiares).

Los puntos clave del citado precepto son:

- Adopción de medidas judiciales motivadas: el tribunal podrá, si es necesario para proteger a la víctima, suspender la patria potestad, tutela, curatela, guarda o acogimiento; modificar o suspender el régimen de visitas; o establecer un régimen de supervisión sobre la persona protegida.
- Comunicación a la entidad pública competente y al Ministerio Fiscal: cuando se detecte una situación de riesgo o desamparo, o se adopten medidas de suspensión de patria potestad o tutela, se debe notificar inmediatamente a la entidad pública y al Ministerio Fiscal para que adopten las medidas de protección oportunas.

- Revisión al concluir el procedimiento: finalizado el proceso, el juez valorará el interés del menor o persona protegida y decidirá sobre el mantenimiento o levantamiento de las medidas. El Ministerio Fiscal y las partes pueden solicitar su modificación conforme al artículo 770 de la Ley de Enjuiciamiento Civil.

|| Cuestión de inconstitucionalidad ante el TC

La **STC n.º 106/2022, de 13 de septiembre de 2022, ECLI:ES:TC:2022:106**, resuelve un recurso de inconstitucionalidad contra los apartados 10 y 19 del art. 2 de la Ley 8/2021, de 2 de junio, modificadores de los arts. 94 y 156 del CC, respectivamente. En este recurso se cuestionó lo siguiente:

- La suspensión o prohibición del régimen de visitas o estancias de un progenitor cuando (párrafo cuarto del art. 94 del CC):
  - » Esté inmerso en un proceso penal por delitos contra la vida, integridad física, libertad, integridad moral o libertad e indemnidad sexual del otro progenitor o sus hijos.
  - » Existan indicios fundados de violencia doméstica o de género.
- Que, en casos de violencia, sea suficiente el consentimiento de uno de los progenitores para autorizar la atención psicológica de los hijos (párrafo segundo del artículo 156 del CC).

Los recurrentes argumentaron que estas disposiciones vulneraban diversos artículos de la Constitución española, alegando que las limitaciones impuestas eran automáticas y sin la intervención judicial adecuada, en detrimento de derechos fundamentales como la tutela judicial efectiva, el principio de seguridad jurídica y el derecho al juez ordinario predeterminado por la ley.

En su análisis, **el Tribunal Constitucional abordó los siguientes puntos:**

- **Interés superior del menor** (art. 39 de la CE): el Tribunal destacó que este principio rector del ordenamiento jurídico exige garantizar la protección integral de los hijos. Aunque el interés del menor puede justificar restricciones a los derechos parentales, estas deben estar debidamente motivadas.

- **Ausencia de automatismo legal**: las disposiciones impugnadas no establecen una privación automática de derechos, ya que el juez conserva la capacidad de evaluar y motivar lo que sea más adecuado para el interés del menor en cada caso.

- **Exclusividad jurisdiccional** (art. 117.3 de la CE) **y tutela judicial efectiva** (artículo 24.1 de la CE): el legislador puede establecer límites y prohibiciones para proteger derechos fundamentales, siempre que la aplicación concreta de estas normas quede en manos del juez.

- **Seguridad jurídica** (art. 9.3 de la CE): la expresión «*incurso en un proceso penal iniciado*» fue considerada suficientemente precisa en términos de certeza jurídica, dado que su interpretación corresponde a los jueces.

- **Derecho al juez ordinario predeterminado y reserva de ley orgánica**: las competencias atribuidas a los jueces civiles por las normas impugnadas no invaden competencias penales ni vulneran la reserva de ley orgánica, ya que no alteran el sistema competencial establecido por la LOPJ.

- **Atención psicológica en casos de violencia** (art. 156 del CC): la atribución del consentimiento a uno de los progenitores, en los términos previstos por la ley, no es irrazonable ni desproporcionada, dado el contexto de conflicto y la necesidad de proteger al menor. Además, esta medida está bajo control judicial en caso de controversia.

Finalmente, el Tribunal Constitucional **desestimó íntegramente** el recurso de inconstitucionalidad, declarando la **constitucionalidad de las disposiciones impugnadas**.

La sentencia incorporó un voto concurrente que, aunque coincide con el fallo desestimatorio, critica que la decisión principal no haya considerado suficientemente la perspectiva de género y la finalidad protectora hacia las mujeres y menores víctimas de violencia, tal como establece el Pacto de Estado y la legislación vigente.

8.
LA VIOLENCIA VICARIA

La violencia vicaria como forma cualificada de violencia de género

La violencia vicaria es una forma extrema de violencia de género consistente en agredir a los hijos e hijas, o a otras personas cercanas a la víctima, con el objetivo de provocar en esta el mayor daño psicológico posible.

Esta figura ha sido progresivamente reconocida por la jurisprudencia e incluida en la legislación española, con implicaciones penales y preventivas que buscan proteger tanto a las mujeres como a los menores afectados.

|| Un concepto de origen jurisprudencial

Aunque este tipo de violencia ha existido siempre, la jurisprudencia ha ido perfilando su naturaleza con el tiempo, hasta llegar a acuñar el concepto de «violencia vicaria».

|| Antecedentes

Antes de que el término «violencia vicaria» comenzara a utilizarse, la jurisprudencia del Tribunal Supremo ya abordaba casos que encajaban en esta modalidad. Un ejemplo es el de la **STS n.º 191/2016, de 8 de marzo, ECLI:ES:TS:2016:903**, que desestima el recurso de casación interpuesto por un padre contra la sentencia que lo declaró autor de dos delitos de asesinato en grado de tentativa contra sus hijos. Así, según los hechos probados, el recurrente **intentó suicidarse y asesinar a sus dos hijos como respuesta a un conflicto familiar**: *«(...) tras asegurarse de que su mujer había ido a dormir sola a otra habitación de la vivienda familiar, (...) aprovechó que ese día se había acostado con sus dos hijos en su propia cama, y después de cerciorarse de que estaban profundamente dormidos, llenó un barreño con un litro de lejía y otro de salfumán y lo colocó en la habitación, concretamente en el lado de la cama donde dormía Teodora. Cerró la puerta y las ventanas para asegurar el efecto tóxico de los productos y se acostó junto a ellos, no logrando finalmente su propósito».*

Como avanzábamos, en el momento en el que se dictó **esta sentencia el Supremo todavía no empleaba la expresión «violencia vicaria»** —denominación que comenzará a utilizarse tiempo después— pero los hechos enjuiciados encajan de forma inequívoca en dicha modalidad de violencia. En su resolución, el Tribunal Supremo:

- **Reconoce el dolo homicida en el contexto de violencia familiar**, estableciendo que el ataque a los hijos, aun sin resultado de muerte, supone tentativa idónea de asesinato, por quedar demostrada la voluntad de causar un daño letal (dolo). En consecuencia, la Sala rechaza la petición de rebaja de la pena por intención únicamente lesiva o eximentes no fundamentadas.

- **Considera la agravante específica de parentesco**, lo que refleja una respuesta penal reforzada cuando la víctima es descendiente del autor. Esta interpretación tiene relevancia futura para incidir en la gravedad jurídica de la violencia vicaria, contribuyendo a que la jurisprudencia y la doctrina penal acentúen la protección penal de los hijos/as en contextos familiares.

- **Declara la existencia de tentativa acabada e idónea** que, por el peligro concreto y la ejecución de todos los actos típicos, debe castigarse con severidad, impidiendo rebajas de pena excesivas.

- **Determina la responsabilidad civil y la protección integral de las víctimas**, contemplando indemnizaciones tanto por daño físico como moral, extendiendo la protección a la madre, lo que anticipa una tendencia a considerar a las madres como víctimas indirectas de la violencia vicaria.

En consecuencia, la Sala confirmó la sentencia de la Audiencia Provincial, evidenciando, junto con otras resoluciones, la necesidad del reconocimiento legal específico de la violencia vicaria.

‖ Primeras referencias expresas al concepto de violencia vicaria

En resoluciones como el **AAP de Madrid n.º 149/2019, de 30 de enero, ECLI:ES:APM:189A**, comienzan a plasmarse razonamientos que incluyen referencias expresas a la violencia vicaria: «*La Juez a quo aludía a su sospecha sobre el **uso de la menor por parte de su padre para coaccionar a la denunciante**, (...) considerando, por todo ello, que existían indicios suficientes para atribuir al investigado un delito de coacciones en concurso con un delito de quebrantamiento del artículo 468 del Código Penal cometido por conducto de su hija menor.*

*Por ello, sin adelantar los pronunciamientos propios del proceso civil, consideraba necesario adoptar medidas de protección idóneas para garantizar el bienestar de la menor, entendiendo que **suspender el régimen de visitas con su padre** sería la decisión más ajustada **para prevenir nueva violencia vicaria**».

Por su parte, el Alto Tribunal, en la **STS n.º 684/2021, de 15 de septiembre, ECLI:ES:TS:2021:3374**, en el contexto del delito de maltrato habitual, tiene en cuenta la violencia vicaria como represalia contra la víctima: «*(...) si ésta* *decide comunicar la necesidad de una ruptura de la relación, o le denuncia por esos hechos, el sentimiento de no querer aceptar esa ruptura el autor de los mismos provoca que pueda llegar a cometer un acto de mayor gravedad, y que puede dar lugar, incluso, a actos de la denominada* **violencia vicaria***».*

|| Casos paradigmáticos de violencia vicaria

El *«caso de Ruth y José Bretón»* y el *«caso de Anna y Olivia Gimeno»* representan dos de los ejemplos más conocidos del uso de violencia vicaria como forma de violencia de género.

1.- En la **STS n.º 587/2014, de 18 de julio, ECLI:ES:TS:2014:3086** *(caso de Ruth y José Bretón)*, sin emplear el término «violencia vicaria», el Supremo pone el foco en el móvil del crimen y reconoce que el acusado no mató porque quisiera la muerte de sus hijos, *«(...) sino para hacer sufrir a su madre, verdadera víctima en el ánimo del acusado».*

Se confirma, por tanto, la naturaleza del acto como manifestación extrema de violencia de género, ya que el padre actuó motivado por el deseo de causar el mayor daño posible a su esposa, tras la decisión de ésta de dar por terminado el matrimonio y quedarse con los hijos. Los hechos encajan con lo que, *a posteriori*, la doctrina identificaría como «violencia vicaria», y cuyo reconocimiento tiene implicaciones tanto en la valoración penal —con la agravación de las penas— como en la visibilización e identificación del daño que se pretende ejercer a la madre a través de los hijos (violencia de género).

Los elementos constitutivos de violencia vicaria apreciados por el Alto Tribunal fueron, en síntesis:

- **La motivación del autor**: se considera probado que el autor ideó la muerte de sus hijos como forma de venganza hacia su esposa por querer divorciarse.

- **El objetivo de provocar el mayor sufrimiento emocional a la madre**: la acción del acusado fue dirigida a causar el dolor más profundo posible a su expareja, no solo asesinando a los hijos, sino también simulando la desaparición de los menores con el fin de prolongar el sufrimiento de la madre: *«la utilización de la vida de los hijos para una suerte de venganza contra la esposa y madre como respuesta a su decisión de romper el matrimonio, golpeándola de la manera más dañina posible».*

- **La aplicación de la agravante de parentesco**: se aplica la agravante de parentesco en sendos asesinatos, reconociéndose la gravedad cualificada que implica la instrumentalización del vínculo familiar para cometer el delito.

- **El reconocimiento del móvil de violencia de género**: aunque la sentencia no utiliza la expresión «violencia vicaria», los razonamientos de la Sala encajan en la definición de violencia de género indirecta, al considerar que la finalidad del autor fue dañar *«a la madre, verdadera víctima en el ánimo del acusado».* Con base en la minuciosa preparación del delito —que implicó el aprovisionamiento de tranquilizantes y gasoil, así como la eliminación de los cuerpos para simular el extravío de los menores y ocultar la verdadera autoría del hecho— el Supremo desestima el argumento de que la intención del acusado fuera la de dar un susto a su exesposa.

2.- Cabe también destacar el caso de **Anna y Olivia Gimeno**, las niñas presuntamente asesinadas a manos de su padre en Tenerife. Ante la imposibilidad de localizar a este, la causa fue provisionalmente sobreseída mediante **auto del Juzgado de Violencia sobre la Mujer n.º 2 de Tenerife**, de 14 de marzo de 2022, con base en el informe de la Guardia Civil, que defiende la hipótesis del suicidio del padre, quien se habría lanzado al mar tras asesinar a sus hijas.

Las investigaciones permitieron comprobar que el padre actuó sin ayuda de terceros y de forma planificada —pues días antes repartió sus bienes entre amigos y familiares—. La noche de los hechos fue grabado por las cámaras de seguridad del puerto y observado por diferentes testigos transportando bultos hacia su embarcación. Según la reconstrucción policial, desde esta habría arrojado al agua los cuerpos —en bolsas lastradas—, regresando a la costa y arrojándose él mismo al mar, sin que hasta el momento se haya podido encontrar su cuerpo.

El auto judicial pone de relieve la violencia y el ensañamiento empleados por el autor, subrayando la indefensión de las menores y la evidente premeditación del crimen. Aunque el caso está sobreseído provisionalmente, el procedimiento podría abrirse de nuevo en caso de hallazgo del cuerpo u otros elementos susceptibles de esclarecer los hechos.

|| La inclusión de la violencia vicaria en las leyes

La evolución normativa también ha culminado en el reconocimiento legal de esta figura. La Ley Orgánica 8/2021, de 4 de junio, de protección integral a la infancia y adolescencia frente a la violencia, amplió la protección penal contra la violencia de género, incluyendo la violencia vicaria en el apartado 4 del artículo 1 de la Ley Orgánica 1/2004, de 28 de diciembre:

> «4. La violencia de género a que se refiere esta Ley también comprende la violencia que con el objetivo de causar perjuicio o daño a las mujeres se ejerza sobre sus familiares o allegados menores de edad por parte de las personas indicadas en el apartado primero».

La LO 8/2021, de 4 de junio, promueve la reforma de varias normas, entre ellas la LECrim y el CP, con el fin de reforzar la protección procesal de los menores y endurecer las consecuencias penales para quienes cometan delitos violentos contra ellos. Entre las modificaciones del Código Penal, se incluyen:

- La obligatoriedad de imponer la pena de privación de la patria potestad a quienes cometan homicidio o asesinato cuando la víctima sea hijo o hija del autor.
- La extensión de la protección penal contra actos de violencia dirigidos a perjudicar a la mujer a través de los menores.

En definitiva, la postura del legislador frente a la violencia vicaria es clara y contundente, pues reconoce su gravedad, promueve la penalización efectiva de estas conductas, fortalece las medidas de protección para las víctimas menores y elimina posibles espacios de impunidad.

Desarrollo jurídico en evolución

En este contexto, resulta imprescindible destacar que la evolución normativa y jurisprudencial en materia de violencia vicaria refleja un **compromiso continuo** por parte de las instituciones para abordar esta problemática de manera integral.

La jurisprudencia incluye el maltrato animal como forma de violencia vicaria

Por un lado, la jurisprudencia continúa perfilando el contenido de las conductas constitutivas de violencia vicaria, tal como se evidencia en la **sentencia de 22 de septiembre de 2025, rec. 1133/2025**, dictada por el **Juzgado de Violencia sobre la Mujer n.º 2 de Las Palmas de Gran Canaria**, que condena a un hombre por violencia vicaria tras matar a la mascota de su pareja con el objetivo de causar un grave daño psicológico a la mujer.

La sentencia integra la agresión en el marco de la **violencia vicaria**, al haber sido perpetrada como medio directo para causar un quebranto emocional y ejercer dominación sobre la víctima. La resolución aplica la perspectiva de género en la valoración de este caso e incluye el maltrato animal como forma de violencia de género, apreciándose un delito de maltrato animal agravado, en concurso medial con un delito de maltrato psicológico del art. 153 del CP. En consecuencia, se justifica la **penalización agravada** y se impone, como la medida de protección, la **prohibición de aproximación y comunicación con la víctima**.

Se prevé la creación de un tipo específico en el CP que castigue la violencia vicaria como delito autónomo

El **Anteproyecto de Ley Orgánica en materia de violencia vicaria**, aprobado por el Consejo de ministros en octubre de 2025, contempla la futura tipificación de la violencia vicaria como delito autónomo en nuestro ordenamiento jurídico, previendo su incorporación al CP en un nuevo art. 173 bis, que establecería penas genéricas y agravadas de hasta tres años, además de penas accesorias de hasta cinco años.

Entre las medidas que propone el anteproyecto, se incluyen:

- **Definición legal y protección integral**: se define la violencia vicaria como una manifestación específica de la violencia de género, reforzando la protección para las víctimas, especialmente niñas, niños y adolescentes, mediante modificaciones en la Ley Orgánica 8/2021, de 4 de junio.

- **Prevención y formación especializada**: se promueve la formación interdisciplinar de los profesionales implicados, quienes, en aras de garantizar una atención integral y efectiva, deberán tener conocimientos en perspectiva de género, psicología infantil y derechos de la infancia.

- **Mejora de protocolos y espacios judiciales**: se prevé la adaptación de los espacios judiciales y la mejora de los protocolos de denuncia para la infancia, así como el establecimiento de mecanismos de evaluación de riesgos con perspectiva de género y de infancia.

- **Mejora del seguimiento estadístico** de los casos de violencia vicaria, con el fin de obtener una información más precisa y útil a la hora de orientar recursos y evaluar la eficacia de las políticas.

- **Protección de menores y personas vulnerables**: haciendo primar su seguridad sobre el vínculo paternofilial, evitando, por ejemplo, el establecimiento de regímenes de visitas o de convivencia con el agresor que pongan en riesgo su bienestar. Asimismo, la protección se extiende a las personas mayores de edad con discapacidad necesitadas de especial protección.

- **Modelos especializados**: se fomenta la implementación del modelo *Barnahus*, que integra en un mismo espacio los servicios judiciales, médicos, psicológicos y sociales, evitando la revictimización de los menores y facilitando una atención más eficaz

- **Prohibición de publicar o difundir contenidos relacionados con los hechos**, susceptibles de causar daño psicológico a la víctima y de menoscabar su dignidad e intimidad. Con ello se intenta evitar que los agresores prolonguen el sufrimiento de las víctimas compareciendo ante los medios de comunicación y medios digitales.

Además de reformas en el Código Penal, el Anteproyecto prevé modificaciones en la LO 1/2004, de 28 de diciembre, de Medidas de Protección Integral contra la Violencia de Género, en el Código Civil y en la Ley de Enjuiciamiento Civil, entre otras normas. A través de los citados cambios, se pretende la visibilización de esta forma de violencia y el fomento de una sensibilidad social orientada a su rechazo y erradicación, en línea con lo establecido en el Pacto de Estado contra la Violencia de Género.

|| Otros casos de violencia doméstica a través de los hijos

Existen supuestos de agresión contra los hijos e hijas con el fin de dañar a la pareja o expareja, con un móvil distinto a la violencia de género, pero que, en ocasiones, la jurisprudencia califica de violencia vicaria.

La SAP de Almería n.º 379/2019, de 30 de septiembre, ECLI:ES:APAL:2019:599, *(caso Gabriel Cruz)*, condenó a una mujer que dejó sin vida al hijo de su novio, como autora responsable de un delito de asesinato con alevosía del art. 139 y 140 CP, con agravante de parentesco. Por este delito se le impuso la pena de prisión permanente revisable. Además, se la condenó por: un delito de lesiones psíquicas al padre de la víctima y pareja de la autora en el momento de los hechos (por lo que se le aplicó la correspondiente agravante de parentesco) y un delito de lesiones psíquicas a la madre de la víctima; así como un delito contra la integridad moral del padre, con agravante de parentesco, y un delito contra la integridad moral de la madre, por haber alargado el sufrimiento de los progenitores, tratando de entorpecer la búsqueda del cuerpo. En esta sentencia no se emplea el término «violencia vicaria».

La **STS n.º 321/2024, de 17 de abril, ECLI:ES:TS:2024:2035**, califica de «violencia vicaria» el asesinato de una niña a manos de su madre, con la finalidad de causar un daño irreversible al padre (por tanto, no se trata de violencia de género, sino doméstica). La mujer conocía la intención del padre de modificar e incrementar el régimen de visitas para pasar más tiempo con la menor, lo cual desencadenó las acciones de la acusada. El Supremo declara que «*Nos encontramos ante un caso de **violencia vicaria** en un supuesto de crimen a su propia hija por la recurrente en la forma que consta en los hechos probados*» no amparable, según el jurado, en circunstancia modificativa de responsabilidad penal alguna.

Asimismo, la **STS n.º 269/2022, de 22 de marzo, ECLI:ES:TS:2022:1201**, hace mención expresa a la «violencia vicaria» en otro caso de asesinato perpetrado por una madre contra su hijo. Se entendió probado que la acusada actuó con el objetivo de provocar a su exnovio, padre de la víctima, el mayor menoscabo psíquico posible, entendiendo la Sala este motivo como especialmente reprochable.

9.
CONCURSOS DE DELITOS

Consideraciones generales sobre el concurso de delitos en el ámbito de la violencia de género y doméstica

El análisis del concurso de delitos en el ámbito de la violencia de género y la violencia doméstica presenta una elevada complejidad debido a:

- La existencia del **delito autónomo del maltrato habitual** (apartado 2 del artículo 173 del Código Penal), con un bien jurídico protegido propio que excede de los actos singulares de violencia.
- El hecho de que la **violencia de género no es un delito independiente**, sino un subtipo agravado o una agravante genérica.

El concurso más habitual es el concurso real aunque, de manera menos frecuente, puede apreciarse concurso ideal y concurso medial.

> **A TENER EN CUENTA**. El concurso de leyes o de normas será excepcional, ya que no procederá si se lesionan bienes jurídicos distintos y el desvalor del delito absorbido no está totalmente contenido en el tipo absorbente.

Concurso de delitos con la violencia doméstica o maltrato habitual en el ámbito doméstico

El apartado 2 del artículo 173 del Código Penal tipifica el delito autónomo del maltrato habitual en el ámbito doméstico, también conocido como violencia doméstica, cuya protección trasciende de los actos aislados y se dirige hacia la tutela de la dignidad de la persona, su integridad física y moral y la paz familiar, evitando la consolidación de un clima de violencia reiterada, de dominación y de humillación. Por tanto, el bien jurídico protegido por este precepto legal es diferente al de las lesiones, amenazas o coacciones, lo que explica la pluralidad de concursos que cabe apreciar.

|| Cláusula concursal expresa

El propio precepto legal establece que la pena por maltrato habitual en el ámbito doméstico se impondrá «*(...) sin perjuicio de las penas que pudieran corresponder a los delitos en que se hubieran concretado los actos de violencia física o psíquica».*

De esta manera, esta cláusula habilita expresamente la posibilidad de apreciar, como regla general, un **concurso real de delitos**, impidiendo la absorción de los actos singulares por la habitualidad.

Cabe destacar como **supuestos** más habituales (aunque la casuística puede ser más amplia), los siguientes concursos con la violencia doméstica:

1. **Maltrato habitual + lesiones.** La violencia doméstica castiga el patrón, no la lesión corporal concreta.

2. **Maltrato habitual + amenazas o coacciones.** Las amenazas y coacciones protegen la libertad y tranquilidad de la víctima, bien jurídico protegido distinto al del maltrato habitual.

3. **Maltrato habitual + vejaciones o injurias leves.** Las injurias o vejaciones leves protegen el honor y la dignidad.

4. **Maltrato habitual + detención ilegal.** No existe consunción ya que la detención ilegal protege la libertad ambulatoria, y el maltrato ocasional la paz familiar.

5. **Maltrato habitual + delitos sexuales.** Los delitos sexuales protegen la libertad y la indemnidad sexual.

6. **Maltrato habitual + delitos contra la intimidad.** Los delitos contra la intimidad protegen la esfera privada e intimidad de la víctima, bien jurídico distinto al del maltrato habitual.

7. **Maltrato habitual + acoso.** El acoso protege la libertad y seguridad personal.

Concurso de delitos con la violencia de género

La violencia de género (VG) **no** constituye un **delito propio**, sino que puede operar como:

1. **Subtipo agravado.** Por ejemplo, en los delitos de lesiones, amenazas, coacciones, maltrato ocasional...

2. **Agravante genérica.** Aplicable cuando la agresión tiene una motivación de género.

La consecuencia evidente de esta característica es que no existe concurso entre la violencia de género y otros delitos, sino que se dará entre los delitos agravados por violencia de género.

Los **supuestos** más habituales de concurso real son los siguientes:

1. **Lesiones con VG + amenazas.**

2. **Lesiones con VG + quebrantamiento.**

3. **Amenazas con VG + coacciones con VG.**

4. **Amenazas con VG + delito contra la intimidad.**

CUESTIONES

1. ¿Se puede castigar conjuntamente por detención ilegal y por maltrato en el ámbito de violencia de género al convivir ambos delitos en el mismo hecho?

Una persona ha sido acusada y condenada por retener a su pareja en el domicilio durante varias horas contra su voluntad, privándole de libertad y ejerciendo sobre ella insultos, amenazas y diversos menosprecios. Durante ese mismo periodo, la víctima sufrió también amenazas, vejaciones y control sistemático. El condenado sostiene que ambos delitos, el de detención ilegal y el de maltrato en el ámbito de violencia de género (tanto ocasional como habitual), deberían ser castigados como un único delito, aplicándose únicamente la pena más grave y no varias penas por cada uno de los delitos aparentemente concurrentes.

No debe aplicarse el principio de consumación. Según la jurisprudencia establecida en la sentencia del Tribunal Supremo n.º 460/2017, de 21 de junio, ECLI:ES:TS:2021:2534, es plenamente compatible la condena acumulada por los delitos mencionados, **aunque ambos se cometan en el mismo contexto fáctico.** El TS aclara que el principio de consumación (o concurso de normas) contemplado en el apartado 3 del artículo 8 del Código Penal, solo opera cuando un hecho constituye dos o más infracciones y una de ellas absorbe a la otra por compartir bien jurídico protegido y lesión. En el caso examinado, la detención ilegal protege la libertad ambulatoria de las personas, mientras que el maltrato de género y el maltrato habitual protegen la integridad física y moral de las personas y tienen como objetivo salvaguardar derechos y valores distintos.

Tal y como expresa la sentencia: «*Los bienes jurídicos protegidos en ambos delitos son diferentes, en la detención ilegal se ataca la libertad deambulatoria, y en el maltrato de género, dentro de los delitos de lesiones, se sanciona el menoscabo físico y psíquico, en este caso el mencionado en último lugar, pero indirectamente el delito también ataca el respeto a la dignidad humana y concretamente el derecho de la mujer a no ser sometida a trato humillante o degradante alguno (S.T.S. 2/2008 de 16 de enero)*». Los mismos hechos pueden lesionar varios bienes jurídicos y, por tanto, dar lugar a la condena por ambos delitos, de manera acumulada, siempre que concurran todos los requisitos objetivos y subjetivos de cada delito. Además, el propio artículo 173 del Código Penal deja claro que la condena por maltrato habitual no excluye la posibilidad de condenar por cada uno de los actos de violencia física o psíquica cometidos.

2. Delito de quebrantamiento de medida cautelar y delito de malos tratos agravados por violencia de género: ¿concurso de normas o concurso real?

La sentencia del Tribunal Supremo n.º 214/2022, de 9 de marzo, ECLI:ES:TS:2022:922, analiza un supuesto en el que concurren estos dos tipos delictivos. La audiencia provincial había entendido que existía un concurso de normas y que procedía aplicar únicamente el subtipo agravado del apartado 3 del artículo 153 del Código Penal, considerando que debía optarse por la solución más favorable para el reo.

El Tribunal Supremo corrige este planteamiento y señala que la elección entre el concurso de normas y de delitos no puede basarse únicamente en el criterio de mayor favorabilidad, sino en la naturaleza de los bienes jurídicos protegidos por cada tipo penal. El apartado 3 del artículo 153 del CP incluye como circunstancias agravantes alternativas tanto el quebrantamiento de medidas cautelares como la comisión del delito en el domicilio de la víctima. Cuando solo concurre una de estas circunstancias la agravación del propio artículo resulta suficiente, de modo que el desvalor correspondiente queda absorbido y no procede imponer de manera separada el delito del apartado 2 del artículo 468 del CP.

Sin embargo, cuando concurren simultáneamente dos circunstancias autónomas (como ocurre en el caso de la sentencia) **ese doble desvalor no queda absorbido por el subtipo agravado**. El TS concluye que, en tal situación, no existe concurso de normas, sino concurso real de delitos, pues el subtipo agravado no engloba íntegramente la lesión que supone el quebrantamiento, que continúa siendo un delito autónomo.

En consecuencia, procede imponer de manera separada las penas correspondientes al delito de malos tratos agravados por violencia de género y al delito de quebrantamiento de medida cautelar, apreciándose concurso real de delitos.

3. ¿Vulnera el principio de *non bis in idem* condenar simultáneamente por maltrato habitual y por lesiones cometidas dentro de ese mismo contexto de violencia?

La sentencia del Tribunal Supremo n.º 531/2021, de 28 de abril, ECLI:ES:TS:2021:1732, analiza un recurso de casación interpuesto por un condenado por múltiples delitos cometidos contra su pareja, entre ellos el maltrato habitual, agresión sexual continuada con acceso carnal, lesiones agravadas y descubrimiento y revelación de secretos. Los hechos se desarrollaron en el marco de una relación afectiva y de convivencia, y fueron acreditados principalmente mediante la declaración de la víctima, apoyada por informes médicos, policiales y testimonios periféricos. El recurrente sostenía que su condena infringía el principio de *non bis in idem*, alegando que el maltrato habitual debía quedar absorbido por el delito de lesiones, al entender que ambos castigaban la misma realidad lesiva.

El Tribunal Supremo rechaza esta argumentación y explica que la regla de consunción del apartado 3 del artículo 8 del Código Penal solo opera cuando el desvalor del tipo penal menos grave esté íntegramente comprendido en el tipo considerado más amplio o complejo, lo que no sucede en este supuesto. El delito de maltrato habitual tiene un bien jurídico propio y más amplio, que abarca la dignidad de la persona, su integridad moral, el libre desarrollo de la personalidad y la protección de la familia y la infancia, y no se limita a sancionar lesiones físicas concretas.

El TS recuerda además que el artículo 173 del CP contiene expresamente una cláusula que prevé la compatibilidad de penas por los actos individuales de violencia física o psíquica que conforman la habitualidad. La habitualidad no se mide por un número determinado de agresiones, sino por la existencia de un clima continuado de dominación y violencia, lo que justifica plenamente la autonomía del tipo. Por ello, el maltrato habitual no absorbe las lesiones específicas que se produzcan en el marco de ese patrón de violencia.

En consecuencia, el TS concluye que **no se vulnera el principio de *non bis in idem*** cuando se impone de forma separada la pena por maltrato habitual y las penas por cada uno de los actos concretos de lesiones cometidos durante dicho contexto. Cada delito protege bienes jurídicos distintos y presenta un desvalor independiente que justifica el concurso real.

4. ¿Cuándo la detención ilegal mantiene autonomía típica y excluye la aplicación del concurso de normas con otros delitos?

La sentencia del Tribunal Supremo n.º 633/2022, de 23 de junio, ECLI:ES:TS:2022:2504, resuelve un supuesto sobre diversos delitos cometidos contra la pareja del acusado (detención ilegal, agresión sexual, lesiones, maltrato habitual en el ámbito de la violencia de género y revelación de secretos, con las agravantes de parentesco y género). El Tribunal Supremo desestima íntegramente el recurso de casación y confirma la condena impuesta al acusado por el TSJ de Galicia.

Respecto al concurso de normas (relación entre el delito de detención ilegal y los demás delitos imputados), el recurrente alegaba que la privación de libertad debía quedar absorbida por la comisión de los otros delitos, dado que actuaba como un medio necesario para su perpetración, solicitando la aplicación de las reglas del concurso de normas (consunción del apartado 3 del artículo 8 del Código Penal) o, subsidiariamente, el concurso medial del artículo 77 del Código Penal.

El TS rechaza este planteamiento, reiterando la doctrina según la cual sólo se da concurso de normas cuando la privación de libertad no supero lo que puede considerarse inherente o necesario para la comisión de un delito principal (por ejemplo, una retención breve y estrictamente instrumental). Sin embargo, si la privación de libertad tiene relevancia propia, o se prolonga más allá de lo funcionalmente necesario, existe concurso real de delitos.

En este caso, el Supremo valora que la detención de la víctima tuvo una gravedad y autonomía tales, por la forma y duración del encierro, que constituye un delito autónomo de detención ilegal y no puede considerarse simplemente absorbido por los delitos cometidos durante la situación de privación de libertad. Así pues, **la detención ilegal no queda consumida por los otros delitos y procede la condena por concurso real y no por concurso de normas.**

5. ¿Puede apreciarse concurso medial entre el delito de maltrato habitual y los delitos de prostitución de menores?

La sentencia del Tribunal Supremo n.° 162/2020, de 19 de mayo, ECLI:ES:TS:2020:939, resuelve un supuesto en el que una madre es condenada por forzar de manera continuada a sus hijos menores a mantener relaciones sexuales con un tercero, recibiendo además dinero por ello, y, al mismo tiempo, mantener una actitud permanente de maltrato, con violencia física y amenazas sobre los mismos menores. El Tribunal Supremo considera delitos diferenciados a los mencionados anteriormente, no pudiendo apreciar el concurso medial, ya que existen hechos que permiten distinguir claramente las conductas del maltrato habitual de las de los delitos sexuales.

El TS sentencia que el concurso medial requiere que uno de los delitos sea necesario para la comisión del otro, sirviendo como medio para la perpetuación de la conducta final. Sin embargo, en el supuesto tratado por la citada sentencia, el tribunal mantiene la autonomía del delito de los delitos, pues el maltrato habitual implica una conducta reiterada y autónoma, generadora de una situación permanente de temor e inseguridad que transciende los concretos actos de agresión sexual o prostitución.

Así, aunque pueda existir una situación común o un contexto de violencia o desprotección que favorezca la comisión de los delitos sexuales o de prostitución, los hechos probados deben reflejar, como en el caso de la sentencia, que el maltrato habitual incluye episodios y conductas separadas, tales como palizas frecuentes, amenazas, abandono o desatención de los menores, más allá de los propios actos de naturaleza sexual. Por tanto, el TS no aprecia la existencia de concurso medial en este supuesto, sino la concurrencia de varios delitos independientes, procediendo a castigarlos autónomamente, conforme a sus respectivos tipos penales, siempre que no exista una identidad absoluta de base fáctica que impida la doble sanción.

10.
COMPETENCIA PARA CONOCER DE LOS DELITOS DE VIOLENCIA DOMÉSTICA Y VIOLENCIA DE GÉNERO

¿Quiénes serán competentes para conocer de los delitos de violencia doméstica y de género?

‖ Marco normativo anterior a la reforma de la LO 1/2025, de 2 de enero

Los juzgados de violencia sobre la mujer (JVM) fueron —y seguirán siéndolo hasta el 31/12/2025— órganos especializados encargados tanto de la instrucción como del enjuiciamiento de ciertos delitos relacionados con la violencia de género: maltrato, amenazas, coacciones u otros delitos cuando la víctima sea una mujer unida al autor por una relación de pareja o afectiva. De esta manera, estos órganos permitían una especialización mayor y una respuesta más integral.

‖ Novedades introducidas por la LO 1/2025, de 2 de enero

La LO 1/2025, de 2 de enero, de medidas en materia de eficiencia del Servicio Público de Justicia, incorpora varias reformas relevantes para la competencia judicial en materia penal de violencia:

- Transformación de los juzgados unipersonales en tribunales de instancia. La ley crea tribunales de instancia por partido judicial. Conforme a lo recogido en su articulado, los antiguos juzgados de instrucción, de violencia sobre la mujer y demás, se reorganizan en **secciones**.

- Atribución de **delitos sexuales** a las secciones de violencia sobre la mujer. Con la modificación del artículo 89 de la Ley Orgánica del Poder Judicial, las secciones de violencia sobre la mujer (integradas en los tribunales de instancia) asumirán, a partir del 3 de octubre de 2025, la instrucción de varios delitos sexuales cuando la persona ofendida sea mujer. Entre ellos: delitos contra la libertad sexual matrimonios forzados, mutilación genital femenina y acoso con connotación sexual.

La LO 1/2025, de 2 de enero, establece expresamente que las nuevas competencias se aplicarán exclusivamente a los procedimientos incoados con posterioridad a su entrada en vigor. Es decir, los procedimientos incoados antes del 03/10/2025 seguirán siendo tramitados por las secciones de instrucción, y a los incoados después de dicha fecha se les aplicarán las nuevas competencias.

> **A TENER EN CUENTA**. Las diferentes cuestiones que se planteen de aquí en adelante encuentran su fundamentación en el informe elaborado por el Observatorio contra la Violencia Doméstica y de Género del CGPJ, hecho público en octubre de 2025, bajo el título «*Reflexiones sobre criterios de actuación en cuestiones de competencia en materia de violencia sobre la mujer*».

CUESTIÓN

¿Qué sucede con los delitos contra la libertad sexual si los hechos fueron cometidos antes de la entrada en vigor de la ley, pero denunciados o incoados, después del 3 de octubre de 2025?

La competencia para instruir los delitos contra la libertad sexual tras la entrada en vigor de la LO 1/2025, de 2 de enero, exige diferenciar el momento de la incoación del procedimiento del momento de la comisión de los hechos. Si la denuncia se presenta tras la entrada en vigor de la ley, se considera incoado el procedimiento bajo la nueva regulación, sin embargo, existen dos posturas doctrinales:

– Competencia de las **secciones de instrucción**. La competencia debe fijarse según la fecha del hecho delictivo, para evitar que la parte denunciante pueda influir en el órgano competente y para garantizar el principio del juez predeterminado por la ley.

– Competencia de las **secciones de violencia sobre la mujer** (o en su defecto, juez o jueza de instrucción designado conforme el art. 89.1 de la LOPJ). La ley establece que lo relevante es la fecha de incoación del procedimiento, no la fecha de los hechos, y busca que la especialización en violencia sexual se aplique de forma plena a los nuevos procedimientos.

Ambas interpretaciones son defendibles, al no existir una regla expresa que resuelva este supuesto. La determinación final dependerá del criterio que adopte cada órgano judicial.

10.1. Competencia en asuntos penales

Competencia objetiva en el orden penal de las secciones de violencia sobre la mujer

Conforme al artículo 89 de la Ley Orgánica del Poder Judicial, las secciones de violencia sobre la mujer conocerán de:

1. **Delitos cometidos contra mujeres o descendientes** (homicidio, aborto, lesiones, lesiones al feto, delitos contra la libertad, delitos contra la integridad moral, delitos contra la intimidad y propia imagen, delitos

contra el honor o cualquier delito cometido con violencia o intimidación) siempre que la víctima sea:

» Su esposa o exesposa.

» Mujer con o sin convivencia, unida por relación análoga de afectividad, ya se actual o pasada.

» Descendientes propios o de la esposa o conviviente.

» Menores o personas con discapacidad convivientes o bajo potestad, tutela, curatela, acogimiento o guarda de hecho de la mujer, siempre que haya también violencia de género hacia la mujer.

2. **Delitos contra las relaciones familiares** con víctimas señaladas en el punto anterior.

3. **Órdenes de protección** a víctimas (sin perjuicio de la competencia del juez de guardia).

4. **Delitos leves** atribuibles por ley, cuando la víctima sea mujer o descendiente.

5. **Sentencias de conformidad** con la acusación en los casos establecidos por ley.

6. **Instrumentos de reconocimiento mutuo** de resoluciones penales de la UE que les atribuya la ley.

7. **Delito de quebrantamiento de medidas penales** sobre las víctimas señaladas.

8. **Delitos sexuales, mutilación genital femenina, matrimonio forzado, acoso sexual y trata**, cuando la víctima sea mujer.

A TENER EN CUENTA. En los supuestos en los que sea competente esta sección, está vedada la utilización de medios adecuados de solución de controversias (STS n.º 84/2025, de 5 de febrero, ECLI:ES:TS:2025:492).

CUESTIONES

1. ¿Quién asume la competencia penal cuando no existe sección específica?

El CGPJ puede designar a un juez o jueza de la sección de instrucción o de la sección civil y de instrucción en partidos con sección única. Ese juez conocerá de todos los asuntos penales de violencia de género del partido judicial, de forma exclusiva o compartida. En partidos con un solo juez, este asumirá la competencia penal si no hay sección de violencia sobre la mujer con jurisdicción en ese territorio.

2. ¿Cuál es el criterio principal para que se cree una sección de violencia sobre la mujer en el tribunal de instancia?

La creación de una sección de violencia sobre la mujer en el tribunal de instancia se basa fundamentalmente en el criterio de la carga de trabajo. Cuando se considere conveniente, atendiendo al volumen y características de los asuntos vinculados a esta materia, podrá acordarse la creación de dicha sección especializada.

3. ¿A qué ámbito territorial se extiende la jurisdicción de una sección de violencia sobre la mujer creada en un tribunal de instancia?

La jurisdicción de la sección de violencia sobre la mujer creada en el tribunal de instancia se extiende a todo el partido judicial. Esto significa que concentra el conocimiento de todos los asuntos de violencia sobre la mujer dentro de ese ámbito territorial.

4. ¿Puede una sección de violencia sobre la mujer abarcar partidos judiciales de distintas provincias?

No, una sección de violencia sobre la mujer no puede abarcar partidos judiciales pertenecientes a distintas provincias. El artículo establece que, cuando el Gobierno cree secciones con jurisdicción sobre varios partidos judiciales, estas deberán estar situadas dentro de la misma provincia, lo que excluye expresamente la posibilidad de que su competencia se extienda a provincias diferentes.

6. ¿Qué órgano judicial es competente para conocer de delitos de trata de seres humanos con fines de explotación sexual y delitos de prostitución si la actividad es desarrollada por una organización criminal con múltiples centros de actuación, numerosas víctimas y distintos domicilios?

La ley no ha establecido ninguna regla especial para este tipo de supuestos. La regla general atribuye la competencia a la sección de violencia sobre la mujer del domicilio de cada víctima. Si existen varias víctimas con domicilio distintos, puede aplicarse la conexidad, atribuyendo la competencia a la sección que haya iniciado primero la instrucción, para evitar así la fragmentación de la causa. Será competente la Audiencia Nacional excepcionalmente cuando el delito se comete fuera de España y concurren los requisitos del apartado 4 del artículo 23 LOPJ.

7. Competencia en delitos sexuales sobre niñas o adolescentes:

La regla general establece que los delitos sexuales sobre menores corresponderán a la sección de violencia contra la infancia y adolescencia, con la excepción de que la víctima sea o haya sido pareja del agresor, entonces la competencia corresponderá a la sección de violencia sobre la mujer. Una parte minoritaria de la doctrina entiende que la sección de violencia sobre la mujer debería considerarse siempre competente, incluso sin la existencia de relación sentimental, ya que ofrece mayor protección.

8. Competencia en delitos de matrimonios forzados:

La sección de violencia sobre la mujer es competente desde que comienzan los actos de coacción, incluso si no llega a celebrarse el matrimonio. En el caso de que el matrimonio se celebre en el extranjero y la víctima tenga domicilio o residencia habitual en España, será competente la sección de violencia sobre la mujer. Si la tentativa fue iniciada en España, será competente la sección de violencia sobre la mujer, aunque la consumación tenga lugar fuera del territorio nacional.

A TENER EN CUENTA. Si un caso en el que podría ser competente la sección de violencia contra la infancia y la adolescencia también encaja en la competencia la sección de violencia sobre la mujer, será esta última la que tenga en todo caso la competencia. Art. 89 bis de la LOPJ, apartado 7.

10.2. Competencia en asuntos civiles

El enfoque transversal de la lucha contra la violencia de género

El principio de transversalidad, recogido expresamente en la letra k) del artículo 2 de la Ley Orgánica 1/2004, de 28 de diciembre, de Medidas de Protección Integral contra la Violencia de Género, establece que las medidas contempladas por la ley deben aplicarse teniendo en cuenta las necesidades y demandas específicas de todas las mujeres víctimas de violencia de género. En concreto, dicha letra determina como fin *«Garantizar el principio de transversalidad de las medidas, de manera que en su aplicación se tengan en cuenta las necesidades y demandas específicas de todas las mujeres víctimas de violencia de género».*

La lucha contra la violencia de género resultaría ineficaz sin una correcta atención a las víctimas en todos los ámbitos de actuación pública (educativo, social, sanitario, laboral, mediático, judicial, etc.). No se trata de adoptar medidas aisladas o sectoriales, sino de asegurar que la protección y el apoyo a las víctimas se refleja de manera global y coordinada en todos los sectores afectados por la problemática. Se pretende así dotar a la respuesta institucional de un enfoque integral y multidisciplinar, en el que la prevención, la protección y la reparación de las víctimas estén presentes en todas las políticas y servicios.

Una de las manifestaciones de esta transversalidad, es el hecho de que los juzgados de violencia sobre la mujer y las —nuevas y en sustitución de aquellos— secciones de violencia sobre la mujer de los tribunales de instancia, conozcan de medidas civiles, como la custodia, guarda y régimen de visitas de los hijos/as, en los supuestos en que exista violencia de género.

Competencia de los órganos judiciales de violencia sobre la mujer en asuntos civiles

El art. 49 bis de la LEC —introducido por LO 1/2004, de 28 de diciembre—, regula la pérdida de competencia de los órganos civiles en favor de los de violencia sobre la mujer cuando se tienen noticias de posibles actos de violencia de género relacionados con el procedimiento civil en curso. Los puntos clave son:

- Inhibición obligatoria: si durante un procedimiento civil se tiene noticia de actos de violencia de género definidos en el art. 1 de la Ley Orgánica 1/2004, de 28 de diciembre, y existe proceso penal o una orden de protección, el juez que esté conociendo el asunto en primera instancia debe inhibirse en favor del juez de la sección de violencia sobre la mujer que resulte competente, salvo que ya haya comenzado materialmente la vista o comparecencia del procedimiento civil contencioso o de jurisdicción voluntaria.

- Actuación en ausencia de procedimiento penal u orden de protección: si no hay proceso penal ni orden de protección, el juez que esté conociendo de un procedimiento civil, citará a las partes y al Ministerio Fiscal a una comparecencia urgente (24 horas), para que el Fiscal decida si presenta denuncia o solicita medida de protección ante la sección de violencia sobre la mujer que resulte competente.

- Requerimiento de inhibición por la sección de violencia sobre la mujer: si este juez de violencia sobre la mujer conoce de un proceso penal por violencia de género y detecta la existencia de un proceso civil relacionado, deberá requerir al órgano civil que se inhiba y le remita los autos.

- No aplicación del art. 48.3 de la LEC y prohibición de declinatoria: en estos casos, el órgano civil remite los autos a la sección de violencia sobre la mujer, sin admitir declinatoria ni aplicación de normas de reparto de competencia distintas.

- Competencia exclusiva y excluyente en materia civil: los órganos competentes en materia de violencia sobre la mujer asumen en exclusiva los procedimientos civiles derivados, aplicando los procedimientos y recursos previstos en la LEC.

En definitiva, el artículo art. 49 bis de la LEC garantiza que los **asuntos civiles conexos a la violencia de género** sean conocidos de manera preferente y exclusiva por los órganos competentes en materia de violencia sobre la mujer, centralizando la competencia y agilizando la protección y tramitación judicial en estos casos.

CUESTIÓN

¿De qué asuntos civiles conoce la sección de violencia sobre la mujer?

La respuesta se halla en los apartados 6 y 7 del art. 89 de la LOPJ (añadidos por la LO 1/2025, de 2 de enero, con efectos desde el 23/01/2025), que determina que **podrá conocer** de los siguientes asuntos civiles (art. 89.6 de la LOPJ):

a) Matrimonio y régimen económico matrimonial, adopción o modificación de **medidas de trascendencia familiar** y otras acciones derivadas de la crisis matrimonial o de la unión de hecho.

b) **Los que versen exclusivamente sobre guarda y custodia** de hijos e hijas menores o sobre alimentos reclamados por un progenitor contra el otro en nombre de los hijos e hijas menores.

c) **Modificación de medidas** adoptadas en los procesos que versen sobre las materias previstas en las letras anteriores.

d) Maternidad, paternidad, filiación y adopción.

e) **Relaciones paternofiliales.**

f) Protección del menor (capítulos IV bis y V del título I del libro IV de la LEC).

g) Expedientes de jurisdicción voluntaria en materia de personas y familia, (excepto los regulados en los capítulos IX y X del título II de la LJV.

h) Procedimientos de liquidación del régimen económico matrimonial instados por los herederos de la mujer víctima de violencia de género, así como los que se insten frente a estos herederos.

i) Reconocimiento de eficacia civil de resoluciones o decisiones eclesiásticas en materia matrimonial.

j) Reconocimiento y ejecución de sentencias y resoluciones judiciales extranjeras civiles sobre menores y familia.

k) Procesos para la efectividad de los derechos reconocidos en el artículo 160 del CC (derecho de los menores a relacionarse con sus progenitores, aunque no ejerzan la patria potestad).

A TENER EN CUENTA. Esta competencia en asuntos civiles será exclusiva y excluyente cuando, de acuerdo con el apartado 7 del art. 89 de la LOPJ, concurran simultáneamente los siguientes requisitos:

a. Que el proceso civil que tenga por objeto las anteriores las materias.

b. Que alguna de las partes del proceso civil sea víctima de violencia de género o de violencia sexual.

c. Que alguna de las partes del proceso civil sea imputado como autor, inductor o cooperador necesario en la realización de actos de violencia de género o sexual.

d. Que se hayan iniciado ante la sección de violencia sobre la mujer actuaciones penales por delito o delito leve a consecuencia de un acto de violencia de género o sexual, o se haya adoptado una orden de protección a una víctima de violencia de género.

La razón de ello es que **la violencia de género** no afecta únicamente a la comisión de un hecho delictivo, sino que **tiene consecuencias directas sobre la seguridad, la integridad, el bienestar y los derechos fundamentales de la mujer y de los menores a su cargo.**

Repercusiones de la violencia de género en la custodia y en el régimen de visitas

De acuerdo con lo anterior, solo desde un abordaje transversal e integral puede garantizarse que:

• Las decisiones civiles relativas a la custodia, patria potestad, guarda y visitas respondan realmente a la protección de las víctimas, **evitando resoluciones contradictorias** y asegurando la **coordinación entre la protección penal y la tutela civil.**

• Se evitan situaciones en las que una resolución civil desconoce el riesgo derivado de la violencia o dificulta la efectividad de las medidas adoptadas en el ámbito.

En definitiva, la competencia de la sección de violencia sobre la mujer para adoptar medidas civiles —además de penales— obedece a la necesidad de proteger de forma efectiva y unificada, bajo un mismo órgano especializado, todos los aspectos jurídicos que afectan a la mujer y a sus hijos/as en el contexto de la violencia, en cumplimiento del principio de transversalidad establecido por la ley.

ANEXO I.
CASOS PRÁCTICOS

Caso práctico | Publicar historias de Instagram o estados de WhatsApp, ¿es quebrantamiento de condena de prohibición de comunicación?

PLANTEAMIENTO

«A» tiene una condena de prohibición de comunicación con «B» de acuerdo con el art. 468 del CP.

«A» publica en su estado de WhatsApp lo siguiente: *«os voy a prender fuego a todos»*.

¿Estaría «A» quebrantando la prohibición de comunicación con «B»?

RESPUESTA

Para dar respuesta al presente caso utilizaremos la **sentencia de la Audiencia Provincial de Cantabria n.º 295/2016, de 21 de octubre, ECLI:ES:APS:216:549**, donde se juzgan hechos idénticos a los de nuestro planteamiento.

En la sentencia se analiza si el estado de WhatsApp iba dirigido a la víctima y su intención de que esta fuera consciente para así amenazarla, momento en que sí podría acreditarse el tipo penal de quebrantamiento y de amenazas. Sin embargo, en este caso no se ha podido acreditar, pese a que en primera instancia la jueza haya establecido que esto se podía inferir dado los antecedentes de llamadas continuas que recibía la víctima por parte del acusado con la posible intención de que esta viera sus estados de WhatsApp. Si bien, la audiencia entiende que únicamente existe la declaración de la víctima, por lo que en este caso no habría quebrantamiento de la condena de prohibición de comunicación.

Añade la audiencia que tampoco entra dentro de la lógica y de la experiencia del uso de estas aplicaciones, que las llamadas impliquen que se vea el estado de WhatsApp, ya que pare ello es necesario entrar en el perfil del número concreto para ver ese estado, lo que supone por dicha lógica no puede inferirse sin más, que el estado que pusiese el acusado fuese dirigido a la víctima ni que la obligase a verlo con las llamadas. De la misma forma no puede llegarse con la absoluta certeza necesaria en el ámbito penal, a que ese estado fuese con la intención de amenazar si no ha quedado probado que se dirigieran a víctima.

En el mismo sentido se pronuncia la **sentencia de la Audiencia Provincial de Ciudad Real n.º 5/2016, de 21 de enero, ECLI:ES:APCR:2019:221**, que se refiere a los estados de WhatsApp:

> «Respecto a los primeros venimos a sostener la atipicidad de la conducta al no tratarse de actos de comunicación y requerirse la colaboración activa de la persona afectada que debe necesariamente entrar o indagar en esos denominados estados, pero sin que se produzca un acto real de comunicación. No hay, en sentido formal, un emisor del mensaje, sino la mera configuración de eso que se denomina estado del usuario de la cuenta. Si es factible que de lo relacionado en ese concreto estado pudiera derivarse posibles delitos de

amenazas o coacciones o injurias o acoso...mas no puede hablarse de establecimiento de comunicación con quebranto de la orden fijada judicialmente».

También cabe traer a colación la **sentencia de la Audiencia Provincial de Madrid n.º 50/2016, de 28 de enero, ECLI:ES:APM:2016:594**, que reza:

«Partiendo de las consideraciones anteriores, conforme resulta del relato de hechos probados que se contiene en la sentencia impugnada, --y conforme, a su vez, aceptan todas las partes--, las expresiones ya consignadas fueron proferidas por el acusado incorporándolas y manteniéndolas durante un cierto tiempo en su «estado de whatsapp». Es decir, no nos encontramos aquí ante mensajes remitidos por el acusado a una concreta destinataria (ni, por tanto, a la ahora recurrente). Por eso, a nuestro juicio, para que las pretensiones de la acusación particular pudieran prosperar, devendría necesario que, habida cuenta de que no se trataba de una comunicación directa entre el sujeto activo y la víctima, hubiera resultado acreditado que aquél trató de anunciar un mal, con las características que ya se han expuesto, a una persona en particular, --en nuestro caso a Coral --, al menos, de forma indirecta. Y lo cierto es que la propia Coral manifestó que había «bloqueado» en la mencionada aplicación whatsapp a la persona del acusado. Es notorio que para conocer las expresiones o mensajes que pueden contenerse en un determinado "estado de whatsapp", en la medida en que éstas no sean enviadas junto a cualquier otro mensaje a un tercero, es preciso que éste sea quien, entre los "contactos" que figuren en su propia agenda de dicha aplicación, seleccione el de la persona de su interés para conocer el "estado" que, sin un destinatario en particular, ha decidido consignar. Y esa conducta de Coral , en el supuesto que aquí se pondera, no parecía previsible, contemplada ex ante, respecto de quien, conforme ella misma afirma, había bloqueado en dicha aplicación a la persona cuyo "estado" resolvió después escudriñar».

Pero, **¿podría instarse a la víctima a que bloquee de sus redes sociales así como de Whatsapp al acusado?** Parece que no, y así lo establece la **sentencia de la Audiencia Provincial de Barcelona n.º 355/2016, de 2 de mayo, ECLI:ES:APB:2016:5750**: «(...) *sin que pueda hacer descansar en la denunciante la obligación de bloqueo o eliminación, pues es el acusado quién tiene la obligación legal de no comunicarse con ella* y al hacerlo, aún cuando sea mediante un "me gusta", infringió la prohibición de comunicación».

En conclusión, subir estados de WhatsApp o historias en Instagram no parece que sea la conducta típica estipulada en el art. 468 del CP, de acuerdo con los pronunciamientos mayoritarios de las audiencias.

Caso práctico | ¿Puede condenarse a un menor por maltrato habitual y violencia de género únicamente en base a la declaración de la víctima?

PLANTEAMIENTO

¿Puede confirmarse una condena penal a un menor por maltrato habitual y violencia de género si la condena se basa en la declaración de la víctima?

RESPUESTA

Un menor fue condenado en primera instancia como autor de dos delitos de maltrato del apartado 1 del artículo 153 del Código Penal y un delito de maltrato habitual del apartado 2 del artículo 173 del Código Penal, siendo la víctima su expareja. Los hechos probados señalan que existieron bofetadas, empujones, insultos continuados y lesiones, y la condena se basa principalmente en el testimonio de la víctima y testigos cercanos. El condenado interpone recurso de apelación, alegando error en la valoración de la prueba y que su derecho a la presunción de inocencia ha sido vulnerado, argumentando que la única prueba es la declaración de la víctima y que existen dudas razonables.

Según la sentencia de la Audiencia Provincial de Cuenca, n.º 94/2019, de 30 de septiembre, ECLI:ES:APCU:2019:427, el tribunal de apelación debe respetar, como regla general, la valoración probatoria realizada por el juzgador de instancia, especialmente cuando la prueba depende de la inmediación (es decir, de la percepción directa de los testimonios en el juicio). En el caso descrito que resuelve la sentencia, la jueza fundamentó la condena en la persistencia, coherencia y credibilidad del testimonio de la víctima, así como en la corroboración por parte de testigos, como la hermana y una amiga de la víctima, que declararon haber presenciado algunas de las agresiones o sus consecuencias (testimonio de lesiones, discusiones, insultos, etc.).

El tribunal confirma que la prueba practicada fue válida, lícita y suficiente para fundamentar la condena, y rechaza que se haya vulnerado el derecho a la presunción de inocencia, ya que la valoración de la prueba se hizo de manera racional y lógica. Además, el tribunal explica que el principio in dubio pro reo sólo obliga a absolver cuando existen dudas razonables insuperables, lo que no ocurre en este caso, pues la sentencia recurrida incluso absolvió al menor en relación con los hechos que no estaban suficientemente corroborados.

Por tanto, conforme a lo resuelto en sentencia, puede mantenerse una condena penal a un menor por maltrato habitual y violencia de género basada en la declaración coincidente y consistente de la víctima, **siempre que estén debidamente corroborados, y el tribunal haya motivado correctamente por qué otorga la credibilidad a dichos elementos probatorios.**

Caso práctico | ¿Existe delito de maltrato habitual si uno de los progenitores consiente los malos tratos a su hijo menor por parte del otro progenitor?

PLANTEAMIENTO

¿Basta la pasividad de un progenitor para imputarle el delito de maltrato habitual en el ámbito familiar cometido contra su hija menor?

RESPUESTA

Una madre ejerce de forma reiterada malos tratos físicos y psicológicos sobre su hija menor de edad dentro del domicilio familiar. El padre, plenamente consciente de las agresiones, no interviene activamente, pero tampoco evita ni denuncia los hechos, limitándose a veces a reprender levemente a la madre.

El padre sí podría ser condenado como autor de un delito de maltrato habitual por comisión por omisión si, conociendo los hechos y teniendo el deber de evitarlos por su condición de progenitor, consiente y no actúa para proteger a la menor.

La sentencia del Tribunal Supremo n.º 820/2022, de 17 de octubre, ECLI:ES:TS:2022:3704, establece como hecho probado que, durante meses, la menor fue objeto de constantes malos tratos físicos y psicológicos por parte de su madre, y que el padre, aun siendo conocedor de la situación, no actuó para evitarlos y permitió que se produjeran dichos malos tratos. Por ello, ambos progenitores fueron condenados como autores responsables del delito de maltrato habitual, regulado por el apartado 2 del artículo 173 del Código Penal.

El Tribunal Supremo confirma expresamente que dicha conducta omisiva del padre, en la que este no actúa en el sentido exigido por el ordenamiento para impedir el delito, es constitutiva de responsabilidad penal en comisión por omisión, al encontrarse en una posición de garante respecto a la menor. Este criterio se fundamenta en la obligación legal que tienen los progenitores de proteger a sus hijos menores frente a cualquier tipo de agresión o trato degradante.

En consecuencia, **la falta de intervención activa, el consentimiento expreso o tácito, o la mera inacción ante los malos tratos infringidos por el otro progenitor, no exime de responsabilidad penal al progenitor que podría y debe impedirlos.** La jurisprudencia reiterada del TS considera que ambos progenitores pueden ser condenados por el delito de maltrato habitual: uno como autor directo (en este caso la madre que ejecuta los malos tratos) y otro como autor por omisión (el padre que los consiente y no los impide).

Caso práctico | ¿Se puede imponer a un menor de 14 años una medida de libertad vigilada por delito de maltrato habitual y lesiones contra sus padres?

PLANTEAMIENTO

¿Se puede imponer una medida de libertad vigilada a un menor de 14 años por un patrón persistente de agresiones a sus padres?

RESPUESTA

Sí, es posible imponer a un menor de 14 años una medida de libertad vigilada por la comisión de delitos de maltrato habitual y lesiones en el ámbito familiar, siempre que concurran los presupuestos legales y procesales exigidos por la LO 5/2000, de 12 de enero, reguladora de la responsabilidad penal de los menores.

En el supuesto analizado por la sentencia del Juzgado de Menores de Barcelona n.º 201/2014, de 30 de septiembre, ECLI:ES:JMEB:2014:48, un menor de 14 años ha mantenido durante varios meses un comportamiento continuado de violencia física y verbal hacia sus padres en el domicilio familiar, llegando incluso a agredirles físicamente y proferir amenazas graves. Finalmente, los padres interponen denuncia tras un episodio especialmente violento en el ambos resultan lesionados. El menor reconoce los hechos durante la audiencia y mostró su conformidad tanto con los hechos como con la medida solicitada por el Ministerio Fiscal.

Los tipos penales de maltrato habitual (apartado 2 del artículo 173 del Código Penal) y lesiones (apartado 2 del artículo 153 del Código Penal) son aplicables, resultado el menor responsable en el concepto de autor conforme al artículo 1 de la LO 5/2000, de 12 de enero. La naturaleza de los hechos y la aceptación de responsabilidad justifican la imposición de una medida de libertad vigilada, que en este caso concreto fue fijada en un año y seis meses.

Caso práctico | ¿Justifican los insultos reiterados la adopción de una orden de protección?

PLANTEAMIENTO

¿Puede acordarse una orden de protección en un delito leve de injurias sin acreditación de agresión física o riesgo objetivo para la víctima?

RESPUESTA

Una persona denuncia a su expareja por insultos graves y menosprecios reiterados, solicitando expresamente una orden de protección consistente en prohibición de aproximarse a ella y comunicarse por cualquier medio. El delito imputado es un delito leve de injuria, sin que existan antecedentes de agresión física ni denuncias previas, y sin que se aprecie situación de riesgo objetivo para la integridad de la denunciante.

Así pues, no se puede acordar la orden de protección en delitos leves de injurias si no existe acreditación de agresión física, denuncias anteriores por hechos similares o una situación objetiva de riesgo para la integridad de la víctima.

La sentencia del Juzgado de Violencia sobre la Mujer de Vendrell (El) n.º 97/2015, de 26 de agosto, ECLI:ES:JVMT:2015:98, dispone en este caso que, aunque el apartado 3 del artículo 57 del Código Penal, en relación con el artículo 48, permite imponer como medida accesoria la prohibición de aproximación o comunicación por delitos leves de los mencionados en dicho artículo 57 del CP, **la imposición de dicha medida exige la concurrencia de circunstancias que objetivamente justifiquen tal protección, como agresiones físicas, denuncias previas de injurias u otros elementos reveladores de riesgo.**

En el caso de la sentencia, no se acreditó ninguna agresión física ni existían denuncias anteriores y no se apreció una situación objetiva de riesgo para la integridad de la persona denunciante, por lo que, el juzgado denegó la orden de protección solicitada.

Así pues, la existencia de simples insultos o menosprecios, sin otras circunstancias agravantes o riegos añadidos, no justifica la adopción de una orden de protección en el ámbito penal conforme a la interpretación judicial reflejada en dicha sentencia.

ANEXO II.
FORMULARIOS

Querella por delito de violencia de género

AL JUZGADO DE VIOLENCIA SOBRE LA MUJER DE [LOCALIDAD] / A LA SECCIÓN DE VIOLENCIA SOBRE LA MUJER DEL TRIBUNAL DE INSTANCIA DE [LOCALIDAD] (1)

Don/Doña [NOMBRE_PROCURADOR_CLIENTE] en representación de Doña [NOMBRE_CLIENTE], mayor de edad, [ESTADO_CIVIL_CLIENTE], con domicilio en [DOMICILIO_CLIENTE], provista de DNI/NIF n.º [NUMERO], según acredito (con el poder especial para la presentación de querellas y demás trámites procesales/mediante poder APUD ACTA especial para formulación de querellas y demás trámites procesales); bajo la dirección técnica del/de la Letrado/a del I. Colegio de Abogados de [LUGAR], Don/Doña [NOMBRE_ABOGADO_CLIENTE], colegiado/a n.º [NUMEROCOLEGIADO_ABOGADO_CLIENTE], ante el Juzgado / la Sección comparezco y, como mejor en Derecho proceda, **DIGO:**

Que por medio del presente escrito, en la indicada representación y siguiendo instrucciones expresas de mi patrocinada, **vengo a formular QUERELLA** al amparo de lo dispuesto en los arts. 259 a 269 LECrim y de conformidad con el orden exigido por el artículo 277 de la citada Ley de Enjuiciamiento Criminal, en relación al artículo 783 de la misma Ley, al amparo de los siguientes

HECHOS

PRIMERO.- Tribunal ante el que se presenta

Esta querella se presenta ante el Juzgado / la Sección de Violencia sobre la Mujer del Tribunal de Instancia de esta localidad, por ser el que estimamos competente de conformidad con lo establecido por los art. 272 y 14.1 y 5 de la Ley de Enjuiciamiento Criminal en relación con el art. 15 bis de la LECrim, toda vez que mi representada, la víctima de los hechos, tiene su domicilio en el territorio al que extiende su jurisdicción el indicado órgano judicial.

SEGUNDO.- Identificación de la querellante

La querellante es Doña [NOMBRE_CLIENTE], cuyos demás datos personales constan en el encabezamiento del presente escrito.

TERCERO.- Identificación del querellado

El querellado es Don [NOMBRE_PARTECONTRARIA], mayor de edad, [ESTADO_CIVIL], con DNI núm. [NIF_CIF_DNI_PARTECONTRARIA], vecino de [LUGAR], con domicilio en [DOMICILIO_PARTECONTRARIA].

CUARTO.- Relación circunstanciada del hecho

Aproximadamente a las [HORA] horas del pasado día [FECHA], encontrándose mi poderdante en el domicilio familiar, sito en la calle [DOMICILIO] sufrió el acometimiento del querellado Don [NOMBRE_PARTECONTRARIA], que se dirigió a la misma y y [DESCRIPCION]

QUINTO.- Querella por delito [DESCRIPCION]

De los hechos antes relatados, se desprende que pueden ser constitutivos del delito del art. 173.2 del Código Penal al concurrir los requisitos legales exigidos al efecto:

«2. El que habitualmente ejerza violencia física o psíquica sobre quien sea o haya sido su cónyuge o sobre persona que esté o haya estado ligada a él por una análoga relación de afectividad aun sin convivencia, o sobre los descendientes, ascendientes o hermanos por naturaleza, adopción o afinidad, propios o del cónyuge o conviviente, o sobre los menores o personas con discapacidad necesitadas de especial protección que con él convivan o que se hallen sujetos a la potestad, tutela, curatela, acogimiento o guarda de hecho del cónyuge o conviviente, o sobre persona amparada en cualquier otra relación por la que se encuentre integrada en el núcleo de su convivencia familiar, así como sobre las personas que por su especial vulnerabilidad se encuentran sometidas a custodia o guarda en centros públicos o privados, será castigado con la pena de prisión de seis meses a tres años, privación del derecho a la tenencia y porte de armas de tres a cinco años y, en su caso, cuando el juez o tribunal lo estime adecuado al interés del menor o persona con discapacidad necesitada de especial protección, inhabilitación especial para el ejercicio de la patria potestad, tutela, curatela, guarda o acogimiento por tiempo de uno a cinco años, sin perjuicio de las penas que pudieran corresponder a los delitos en que se hubieran concretado los actos de violencia física o psíquica.

Se impondrán las penas en su mitad superior cuando alguno o algunos de los actos de violencia se perpetren en presencia de menores, o utilizando armas, o tengan lugar en el domicilio común o en el domicilio de la víctima, o se realicen quebrantando una pena de las contempladas en el artículo 48 o una medida cautelar o de seguridad o prohibición de la misma naturaleza.

En los supuestos a que se refiere este apartado, podrá además imponerse una medida de libertad vigilada».

Alegamos que se da la concurrencia de tales requisitos, en base a lo siguiente: entre el querellante y la querellada existe un vínculo [DESCRIPCION] y [DESCRIPCION]

SEXTO.- Como diligencias que se deberán practicar se solicita la práctica de las siguientes

I.- Declaración al querellado, Don [NOMBRE_PARTECONTRARIA], debiendo ser citada esta parte para la práctica de tal diligencia.

II.- Testifical, recibiendo declaración a los siguientes testigos:

Don/Doña [NOMBRE] con domicilio en [DOMICILIO]

Don/Doña [NOMBRE], con domicilio en [DOMICILIO]

Dichos testigos tienen conocimiento de los hechos objeto de esta querella por cuanto que [DESCRIPCION] razón por la que su declaración será de utilidad en la averiguación de los hechos, sus circunstancias y los partícipes en los mismos. Se solicita igualmente la citación de esta parte para su práctica.

III.- Documental, la que se aporta con el presente escrito, consistente en [DOCUMENTO]

IV.- [DESCRIPCION]

Ello con arreglo a lo dispuesto en el **art. 258 bis de la LECrim**, relativo la celebración de los actos procesales mediante **presencia telemática**. Tal como dispone el meritado precepto, «1. *Constituido el órgano judicial en su sede, los actos de juicio, vistas, audiencias, comparecencias, declaraciones y, en general, todas las actuacio-*

nes procesales, se realizarán preferentemente, salvo que el juez o jueza o tribunal, en atención a las circunstancias, disponga otra cosa, mediante presencia telemática, siempre que las oficinas judiciales o fiscales tengan a su disposición los medios técnicos necesarios para ello, con las especialidades previstas en los artículos 325, 731 bis y 306 de la Ley de Enjuiciamiento Criminal, de conformidad con lo dispuesto en el apartado 3 del artículo 229 y artículo 230 de la Ley Orgánica del Poder Judicial, y supletoriamente por lo dispuesto en la el artículo 137 bis de la Ley 1/2000, de 7 de enero, de Enjuiciamiento Civil. La intervención mediante presencia telemática se practicará siempre a través de punto de acceso seguro, de conformidad con la normativa que regule el uso de la tecnología en la Administración de Justicia.

2.   No obstante lo dispuesto en el apartado anterior, será necesaria la presencia física del acusado en la sede del órgano judicial de enjuiciamiento en los juicios por delito grave y juicios de Tribunal de Jurado, sin perjuicio de lo previsto en los tratados internacionales en los que España sea parte, las normas de la Unión Europea y demás normativa aplicable a la cooperación con autoridades extranjeras para el desempeño de la función jurisdiccional.

En los juicios por delito menos grave, cuando la pena exceda de dos años de prisión o, si fuera de distinta naturaleza, cuando su duración no exceda de seis años, el acusado comparecerá físicamente ante la sede del órgano de enjuiciamiento si así lo solicita este o su letrado, o si el órgano judicial lo estima necesario. La decisión deberá adoptarse en auto motivado.

En el resto de juicios, cuando el acusado comparezca, lo hará físicamente ante la sede del órgano de enjuiciamiento si así lo solicita él o su letrado, o si el órgano judicial lo estima necesario. La decisión deberá adoptarse en auto motivado.

En todo caso, en los procesos y juicios, cuando el acusado resida en la misma demarcación del órgano judicial que conozca o deba conocer de la causa, su comparecencia en juicio deberá realizarse de manera física en la sede del órgano judicial o enjuiciamiento, salvo que concurran causas justificadas o de fuerza mayor.

Cuando se disponga la presencia física del investigado o acusado, será también necesaria la presencia física de su defensa letrada. Cuando se permita su declaración telemática, el abogado del investigado o acusado comparecerá junto con este o en la sede del órgano judicial.

Cuando el acusado decida no comparecer en la sede del órgano judicial, deberá notificarlo con, al menos, cinco días de antelación.

3.   Se garantizará especialmente que las declaraciones o interrogatorios de las partes acusadoras, testigos o peritos se realicen de forma telemática en los siguientes supuestos, salvo que el Juez o Tribunal, mediante resolución motivada, en atención a las circunstancias del caso concreto, estime necesaria su presencia física:

a)   Cuando sean **víctimas de violencia de género**, de violencia sexual, de trata de seres humanos o cuando sean víctimas menores de edad o con discapacidad. Todas ellas podrán intervenir desde los lugares donde se encuentren recibiendo oficialmente asistencia, atención, asesoramiento o protección, o desde cualquier otro lugar, siempre que dispongan de medios suficientes para asegurar su identidad y las adecuadas condiciones de la intervención.

b)   Cuando el testigo o perito comparezca en su condición de Autoridad o funcionario público, realizando entonces su intervención desde un punto de acceso seguro.

4.   Lo dispuesto en este artículo será de aplicación igualmente a las actuaciones que se celebren ante los letrados o letradas de la Administración de Justicia o ante el Ministerio fiscal (...)».

Por lo expuesto,

SUPLICO:

Tenga por presentado este escrito de querella y los documentos anexos, tenga por formulada querella contra Don [NOMBRE_PARTECONTRARIA], se sirva admitirla, me tenga por personado y parte en la indicada representación de Doña [NOMBRE_CLIENTE] ordene que se incoen diligencias previas así como la práctica de las diligencias interesadas en el apartado sexto del presente escrito; disponga que se proceda a la adopción de las siguientes medidas cautelares: [DESCRIPCION].

Es justicia que se pide en [LOCALIDAD] a [DIA] de [MES] de [AÑO].

Letrado/a D./D.ª [NOMBRE_ABOGADO_CLIENTE]

Procurador/a D./D.ª [NOMBRE_PROCURADOR_CLIENTE]

OTROSÍ DIGO: la querellante, habida cuenta su condición de ofendida por el delito, está exenta de prestar la fianza a que se refiere el artículo 280 de la Ley de Enjuiciamiento Criminal.

En su virtud,

SUPLICO:

Se tenga por realizada la anterior manifestación a los efectos legales oportunos.

Es justicia que se pide en localidad y fecha ut supra.

Letrado/a D./D.ª [NOMBRE_ABOGADO_CLIENTE]

Procurador/a D./D.ª [NOMBRE_PROCURADOR_CLIENTE]

---

(1) Por la reforma operada por la LO 1/2025, de 2 de enero, una vez implantados de forma efectiva los tribunales de instancia (D.T. 1.ª), todas las referencias realizadas a los juzgados unipersonales se entenderán hechas a las secciones del orden jurisdiccional correspondiente de los tribunales de instancia.

(2) Indicar las medidas personales y reales que se solicitan, para lo cual es aplicable lo dispuesto en el art. 544 ter de la Ley de Enjuiciamiento Criminal.

Denuncia por violencia de género solicitando medida de alejamiento

A TENER EN CUENTA. Por la reforma realizada por la LO 1/2025, de 2 de enero, una vez implantados de forma efectiva los tribunales de instancia (D.T. 1.ª), todas las referencias realizadas a los juzgados unipersonales se entenderán realizadas a las secciones del orden jurisdiccional correspondiente de los tribunales de instancia.

AL JUZGADO DE VIOLENCIA SOBRE LA MUJER [LOCALIDAD]/A LA SECCIÓN DE VIOLENCIA SOBRE LA MUJER DEL TRIBUNAL DE INSTANCIA DE [LOCALIDAD] (1)

D.ª [NOMBRE_CLIENTE], provista de DNI número [DNI_CLIENTE], y domicilio a efectos de notificaciones sito en [DOMICILIO_CLIENTE], ante el juzgado/la sección comparezco y como mejor proceda en derecho,

DIGO

Por medio del presente escrito y de conformidad con el artículo 265 de la Ley de Enjuiciamiento Criminal, vengo a formular **DENUNCIA** contra D. [NOMBRE_PARTE-CONTRARIA], con DNI [DNI_PARTE_CONTRARIA] y domicilio a efectos de notificaciones [DOMICILIO_PARTE_CONTRARIA], por un **DELITO CONTRA** [DESCRIPCIÓN], y todo ello con base en los siguientes

HECHOS (2)

PRIMERO.- El denunciado es D. [NOMBRE_PARTECONTRARIA] con el que llevo casada [PLAZO_AÑOS] años, tiempo durante el cual hemos tenido dos hijos [NOMBRE] Y [NOMBRE] de [NÚMERO] y [NÚMERO] años respectivamente. Ambos residimos en [DOMICILIO], lugar donde desde hace [NUM_MESES] meses, viene ejerciendo sobre mi persona, continuos malos tratos físicos y psíquicos.

SEGUNDO.- El día [FECHA], a las [HORA], y en presencia de nuestra hija menor, el denunciado D. [NOMBRE_PARTECONTRARIA], comenzó a proferir sobre mí insultos como [DESCRIPCIÓN], y comenzó a amenazarme con expresiones [DESCRIPCIÓN], poniéndose cada vez más agresivo, hasta que me asestó varios golpes en [ESPECIFICAR]. Dichas agresiones, me produjeron [DAÑO_CAUSADO], según el parte médico que aporto como **documento n.º** [NÚMERO], para cuya curación necesité [PLAZO_DIAS] días.

TERCERO.- [DESCRIPCIÓN].

A los anteriores hechos resultan de aplicación los siguientes

FUNDAMENTOS DE DERECHO

Los citados hechos podrían ser constitutivos de delito tipificado en el **apartado 1 del artículo 153 del Código Penal**, que castiga al que por cualquier medio o procedimiento causare a otro menoscabo psíquico o una lesión de menor gravedad de las previstas en el apartado 2 del artículo 147 del CP, o golpeare o maltratare de obra a otro sin causarle lesión, siempre que la ofendida sea esposa o mujer ligada a él por relación de afectividad análoga a la de matrimonio. Las penas previstas para esta conducta son la prisión de seis meses a un año o trabajos en beneficios de la comunidad de treinta y uno a ochenta días y, en todo caso, privación del derecho a la tenencia y porte de armas de un año y un día a tres años. Asimismo, si se considera adecuado al interés del menor o persona con discapacidad necesitada de especial protección, se impondrá inhabilitación para el ejercicio de la patria potestad, tutela, curatela, guarda o acogimiento hasta cinco años.

Habiendo nuestra hija menor presenciado los hechos, cabe tener presente el tipo agravado previsto en el artículo 153 del CP, apartado tercero, del que se infiere que las penas previstas se impondrán en su mitad superior si los hechos se perpetran en presencia de menores.

Por lo expuesto,

SUPLICO AL JUZGADO/A LA SECCIÓN:

Que tenga por presentado este escrito con sus copias y documentos que lo acompañan, se sirva admitir la presente **DENUNCIA** y acordar la tramitación de la misma con la mayor urgencia, así como investigar los hechos denunciados con el fin de esclarecer la eventual responsabilidad penal que pueda derivarse de los mismos.

En [LOCALIDAD] a [DIA] de [MES] de [AÑO].

Fdo.: [FIRMA]

PRIMER OTROSÍ DIGO: existiendo una situación de grave riesgo para mi vida e integridad física, y siendo víctima de un delito de lesiones, y teniendo en cuenta el art. 57 del Código Penal.

SOLICITO AL JUZGADO/A LA SECCIÓN:

Que acuerde cautelarmente la prohibición de que el D. [NOMBRE_PARTECONTRARIA], el denunciado, pueda acercarse a una distancia inferior de [CANTIDAD] metros, de donde me encuentro, así como de la prohibición de comunicarse por cualquier medio conmigo, y la prohibición de que resida en lugares situados en un radio inferior a [CANTIDAD] km de los lugares de mi residencia y de mi trabajo al amparo de los arts. 13 y 544 bis LECrim.

En lugar y fecha indicados ut supra.

Fdo.: [FIRMA]

SEGUNDO OTROSÍ DIGO: para mi representación y defensa en esta causa designo a D./D.ª [NOMBRE_PROCURADOR_CLIENTE], procurador/a de los tribunales, bajo dirección letrada de D./D.ª [NOMBRE_ABOGADO_CLIENTE], quienes firman conmigo este escrito de en prueba de aceptación y conformidad.

En lugar y fecha indicados ut supra.

Fdo.: [FIRMA].

---

(1) Por la reforma realizada por la LO 1/2025, de 2 de enero, una vez implantados de forma efectiva los tribunales de instancia (D.T. 1.ª), todas las referencias realizadas a los juzgados unipersonales se entenderán realizadas a las secciones del orden jurisdiccional correspondiente de los tribunales de instancia.

En este caso para determinar la sección competente habrá que atender a lo dispuesto en el artículo 89 de la LOPJ, modificado por la LO 1/2025, de 2 de enero, en vigor desde el 03/10/2025.

(2) Descripción de los hechos con la mayor exactitud posible y las demás circunstancias y pormenores de lo ocurrido.

Escrito de alegaciones de víctima de violencia de género para aportar junto con la solicitud de orden de protección

> **A TENER EN CUENTA.** Por la reforma operada por la LO 1/2025, de 2 de enero, una vez implantados de forma efectiva los tribunales de instancia (D.T. 1.ª), todas las referencias realizadas a los juzgados unipersonales se entenderán hechas a las secciones del orden jurisdiccional correspondiente de los tribunales de instancia.

Procedimiento [ESPECIFICAR] [NUMERO]

AL JUZGADO DE INSTRUCCIÓN N.° [NUMERO] / SECCIÓN DE VIOLENCIA SOBRE LA MUJER DEL TRIBUNAL DE INSTANCIA DE [LOCALIDAD] (1)

Don/ Doña [NOMBRE_PROCURADOR_CLIENTE], Procurador de los Tribunales, en nombre y representación de Don/ Doña [NOMBRE_CLIENTE], con domicilio en esta ciudad [DOMICILIO_CLIENTE], y provisto de D.N.I. número [DNI_NUMERO] lo que acredito mediante escritura de poder general para pleitos, para su unión a los autos por copia testimoniada con devolución de aquélla, previo testimonio en autos, con la asistencia del/de la Letrado/a Don/Doña [NOMBRE_ABOGADO_CLIENTE], con núm. de colegiado/a [NUMERO_COLEGIADO_ABOGADO_CLIENTE] como más procedente sea en Derecho ante el Juzgado / Sección comparezco y,

DIGO

Que con fecha [DIA_MES_AÑO] solicitamos orden de protección de [ESPECIFICAR_ORDEN] con base en los artículo 544 ter de la Ley de Enjuiciamiento Criminal, y en base a esa solicitud deseamos aportar las siguientes

ALEGACIONES

PRIMERA. Que Don/Doña [NOMBRE_CLIENTE] interpuso, en condición de víctima, solicitud de orden de protección a través del modelo formalizado, por haber sido víctima de un delito de [ESPECIFICAR_DELITO].

SEGUNDA. Dicho delito aparece recogido en el artículo 57 del Código Penal, por lo que existe una clara necesidad de protección de la víctima y es por ello que se solicita la imposición al acusado de la orden de protección y de no aproximarse a la víctima. Todo ello en base a los artículos 544 bis y 544 ter de la Ley de Enjuiciamiento Criminal.

Existen indicios fundados de la comisión del delito de [ESPECIFICAR_DELITO] por parte del acusado, por lo que nuestra representada se encuentra en una clara situación de riesgo que requiere la adopción de la orden de protección para garantizar la integridad de la misma.

«En los casos en los que se investigue un delito de los mencionados en el artículo 57 del Código Penal, el Juez o Tribunal podrá, de forma motivada y cuando resulte estrictamente necesario al fin de protección de la víctima, imponer cautelarmente al inculpado la prohibición de residir en un determinado lugar, barrio, municipio, provincia u otra entidad local, o Comunidad Autónoma».

«1. El Juez de Instrucción dictará orden de protección para las víctimas de violencia doméstica en los casos en que, existiendo indicios fundados de la comisión de un delito o falta contra la vida, integridad física o moral, libertad sexual, libertad o seguridad de alguna de las personas mencionadas en el artículo 173.2 del Código Penal, resulte una situación objetiva de riesgo para la víctima que requiera la adopción de alguna de las medidas de protección reguladas en este artículo».

TERCERO. Que desde la interposición de la denuncia por nuestra representada, la misma vive en una situación de miedo constante a que pueda haber represalias por parte del autor de los hechos, por lo que la adopción de la orden de protección es necesaria para que la víctima pueda sentirse más segura.

«1. Los jueces o tribunales, en los delitos de homicidio, aborto, lesiones, contra la libertad, de torturas y contra la integridad moral, trata de seres humanos, contra la libertad e indemnidad sexuales, la intimidad, el derecho a la propia imagen y la inviolabilidad del domicilio, el honor, el patrimonio y el orden socioeconómico, atendiendo a la gravedad de los hechos o al peligro que el delincuente represente, podrán acordar en sus sentencias la imposición de una o varias de las prohibiciones contempladas en el artículo 48, por un tiempo que no excederá de diez años si el delito fuera grave, o de cinco si fuera menos grave.

No obstante lo anterior, si el condenado lo fuera a pena de prisión y el juez o tribunal acordara la imposición de una o varias de dichas prohibiciones, lo hará por un tiempo superior entre uno y diez años al de la duración de la pena de prisión impuesta en la sentencia, si el delito fuera grave, y entre uno y cinco años, si fuera menos grave. En este supuesto, la pena de prisión y las prohibiciones antes citadas se cumplirán necesariamente por el condenado de forma simultánea.

2. En los supuestos de los delitos mencionados en el primer párrafo del apartado 1 de este artículo cometidos contra quien sea o haya sido el cónyuge, o sobre persona que esté o haya estado ligada al condenado por una análoga relación de afectividad aun sin convivencia, o sobre los descendientes, ascendientes o hermanos por naturaleza, adopción o afinidad, propios o del cónyuge o conviviente, o sobre los menores o personas con discapacidad necesitadas de especial protección que con él convivan o que se hallen sujetos a la potestad, tutela, curatela, acogimiento o guarda de hecho del cónyuge o conviviente, o sobre persona amparada en cualquier otra relación por la que se encuentre integrada en el núcleo de su convivencia familiar, así como sobre las personas que por su especial vulnerabilidad se encuentran sometidas a su custodia o guarda en centros públicos o privados se acordará, en todo caso, la aplicación de la pena prevista en el apartado 2 del artículo 48 por un tiempo que no excederá de diez años si el delito fuera grave, o de cinco si fuera menos grave, sin perjuicio de lo dispuesto en el párrafo segundo del apartado anterior».

Cabe citar el Auto de la Audiencia Provincial de Madrid, n.º 1270/2019, de 16 de julio de 2019, ECLI:ES:TS:2019:3009A, en el cual se establecen los requisito para que se conceda la orden de alejamiento:

«Con las precisiones legales referidas, y considerando que entre las medidas de protección que pueden acordarse al amparo de lo dispuesto en el art. 544 TER, se encuentra la medida de alejamiento del art. 544 BIS de la referida

Ley , nos encontramos que, para la adopción, y por tanto el mantenimiento de dicha medida, es necesario que se esté investigando un delito de los mencionados en el art. 57 C.P ., o existan indicios fundados de un delito o falta contra la vida, integridad física o moral, libertad o seguridad de alguna de las personas mencionadas en el art. 173.2 C.P ., así como que exista un peligro para la víctima, siendo que sea estrictamente necesaria a fin de protección de la misma, entendiendo que, a los efectos de determinación del peligro, deben evaluarse los antecedentes existentes en la causa, de los que se pueda inferir que el denunciado puede seguir cometiendo hechos violentos atentatorios contra la integridad física o moral de la víctima, con objeto de determinar si es necesaria la medida con objeto de evitar nuevos actos de agresión.

Procede recordar que esta Sección de la Ilma. Audiencia Provincial ya ha señalado (STAP de 26/07/2012) que la afectación a derechos fundamentales de la persona a la que se impone una medida cautelar de esta naturaleza, como son los derechos a la libertad deambulatoria, y a la presunción de inocencia, en sus dos vertientes tradicionales, requiere que cualquier decisión que se adopte por parte del Juzgador, además de cumplir el deber general de motivación (expresivo de las razones jurídicas que le han movido a adoptar la decisión), se pondere específicamente la adecuación de la medida desde la contemplación de los riesgos que con ella se quieren conjurar, lo que exige un análisis específico del 'fumus boni iuris', de que el riesgo puede ser conjurado (teniendo en cuenta la proporcionalidad), mediante el alejamiento de la persona a quien se imputan indiciariamente unos hechos graves, de la o las personas sobre las que se temen ataques a su vida, a su integridad física, a su libertad y al resto de los bienes jurídicos expuestos en la LECRIM., y en el art. 57 C.P ".

"Como también señala la jurisprudencia (AAP de Guadalajara de 16/05/2008) el precepto enunciado 'contempla la exigencia, de un lado, de indicios fundados de la comisión de un delito o falta contra la vida, integridad física o moral, libertad sexual, libertad o seguridad de alguna de las personas mencionadas en el artículo 173.2 del Código Penal y, de otro, de que resulte una situación objetiva de riesgo para la víctima que requiera la adopción de alguna de las medidas de protección contempladas en la norma; precisando el apartado 6 de aquél que las medidas cautelares de carácter penal podrán consistir en cualesquiera de las previstas en la legislación procesal criminal, que sus requisitos, contenido y vigencia serán los establecidos con carácter general en dicha Ley y que se adoptarán por el Juez de Instrucción, atendiendo a la necesidad de protección integral e inmediata de la víctima. Además, dicha medida es igualmente conforme con lo normado en el art. 68 de la LO 1/2004, de 28/12, de Medidas de Protección Integral contra la Violencia de Género, que también vino a contemplar que las medidas restrictivas de derechos contenidas en el mismo capítulo de dicha Ley deberán adoptarse mediante auto motivado en el que se aprecie su proporcionalidad y necesidad, y, en todo caso, con intervención del Ministerio Fiscal y respeto de los principios de contradicción, audiencia y defensa'».

Por todo lo expuesto, **SUPLICO AL JUZGADO / SECCIÓN:**

Que tenga por presentado este escrito y las copias que se acompañan, lo admita y lo acompañe a la solicitud de orden de protección presentada en este procedimiento.

Por ser de Justicia que pido en [LOCALIDAD] a [DIA_MES_AÑO].

[FIRMA]

Letrado/a D./D.ª [NOMBRE_LETRADO_CLIENTE]

[FIRMA]

Procurador/a D./D.ª [NOMBRE_PROCURADOR]

---

(1) Por la reforma operada por la LO 1/2025, de 2 de enero, una vez implantados de forma efectiva los tribunales de instancia (D.T. 1.ª), todas las referencias realizadas a los juzgados unipersonales se entenderán hechas a las secciones del orden jurisdiccional correspondiente de los tribunales de instancia.

Recurso de apelación contra auto de medidas cautelares del artículo 544 bis LECrim

Diligencias Previas [NUMERO]

AL JUZGADO/A LA SECCIÓN DEL TRIBUNAL DE INSTANCIA NUMERO [NUM] DE [LOCALIDAD] (1)

PARA ANTE LA AUDIENCIA PROVINCIAL DE [PROVINCIA]

Don/ Doña [NOMBRE_ABOGADO_CLIENTE], Colegiado/a del [NOMBRE_COLEGIO] núm. [NUMERO_COLEGIADO], en nombre y representación de Don/ Doña [NOMBRE_CLIENTE], cuyo poder consta en los Autos del Procedimiento referenciado en el margen, ante este Juzgado / Sección comparezco y como mejor proceda en Derecho,

DIGO

Que mediante el presente escrito, y al amparo del artículo 766 apartados 2 y 3 de la LECrim, **vengo a formular RECURSO DE APELACIÓN (2) contra el Auto** [NUMERO] **de fecha** [FECHA] **por el que se acuerda la adopción de MEDIDAS CAUTELARES** hacia mi mandante, consistentes en [ESPECIFICAR] y ante la disconformidad con dicha resolución, por no considerarla ajustada a Derecho, dicho con todos los respetos y en estrictos términos de defensa, instamos su revocación en base a las siguientes,

ALEGACIONES:

PRIMERA.- Que las medidas adoptadas en el Auto [NÚM] de [FECHA] son desproporcionadas y desajustas a derecho por lo siguiente:

[ALEGAR MOTIVOS]

SEGUNDA.- Vulneración del artículo 544 bis. de la LECrim. (3)

Para la adopción de medidas no se ha tenido en cuenta la situación económica, de salud, familiar y de trabajo de mi representado, la cual actualmente se encuentra [ESPECIFICAR]

Por todo lo expuesto, **SUPLICO AL JUZGADO/ SECCIÓN**

Que teniendo por presentado este escrito se digne admitirlo y tenga por hechas las manifestaciones recogidas en el mismo, tenga por interpuesto recurso de apelación contra el auto de prisión provisional de mi mandante y remita los Autos a la Audiencia Provincial de [ESPECIFICAR].

SUPLICO A LA SALA que dicte resolución estimatoria del mismo en el momento procesal oportuno, con la revocación de la prisión provisional de mi representado, y dicte otro en su lugar decretando la puesta en libertad con fianza o subsidiariamente se acuerde otra medida cautelar menos gravosa y restrictiva.

OTROSÍ DIGO: Que al derecho de esta parte interesa la celebración de la vista, conforme al artículo 766 apartado 5 de la LECrim.

Es de Justicia que pido en [LOCALIDAD] a [DÍA] de [MES] de [AÑO].

[FIRMA]

Letrado/a D./D.ª [NOMBRE_LETRADO_CLIENTE]

[FIRMA]

Procurador/a D./D.ª [NOMBRE_PROCURADOR]

---

(1) Por la reforma operada por la LO 1/2025, de 2 de enero, una vez implantados de forma efectiva los tribunales de instancia (D.T. 1.ª), todas las referencias realizadas a los juzgados unipersonales se entenderán hechas a las secciones del orden jurisdiccional correspondiente de los tribunales de instancia. En este caso, el art. 88 de la LOPJ atribuye esta materia a la sección de instrucción o sección única, salvo cuando la instrucción corresponda a las Secciones de Violencia sobre la Mujer o de Violencia contra la Infancia y Adolescencia, ex arts. 89.5.b) y 89 bis.5.b) de la LOPJ.

(2) El artículo 766 de la LECrim establece:

«1. Contra los autos del Juez de Instrucción y del Juez de lo Penal que no estén exceptuados de recurso podrán ejercitarse el de reforma y el de apelación. Salvo que la Ley disponga otra cosa, los recursos de reforma y apelación no suspenderán el curso del procedimiento. 2. El recurso de apelación podrá interponerse subsidiariamente con el de reforma o por separado. En ningún caso será necesario interponer previamente el de reforma para presentar la apelación. 3. El recurso de apelación se presentará dentro de los cinco días siguientes a la notificación del auto recurrido o del resolutorio del recurso de reforma, mediante escrito en el que se expondrán los motivos del recurso, se señalarán los particulares que hayan de testimoniarse y al que se acompañarán, en su caso, los documentos justificativos de las peticiones formuladas. Admitido a trámite el recurso por el Juez, el Secretario judicial dará traslado a las demás partes personadas por un plazo común de cinco días para que puedan alegar por escrito lo que estimen conveniente, señalar otros particulares que deban ser testimoniados y presentar los documentos justificativos de sus pretensiones. En los dos días siguientes a la finalización del plazo, remitirá testimonio de los particulares señalados a la Audiencia respectiva que, sin más trámites, resolverá dentro de los cinco días siguientes. Excepcionalmente, la Audiencia podrá reclamar las actuaciones para su consulta siempre que con ello no se obstaculice la tramitación de aquéllas; en estos casos, deberán devolverse las actuaciones al Juez en el plazo máximo de tres días. (...) 5. Si en el auto recurrido en apelación se acordare la prisión provisional de alguno de los investigados o encausados, respecto de dicho pronunciamiento podrá el apelante solicitar en el escrito de interposición del recurso la celebración de vista, que acordará la Audiencia respectiva».

(3) El artículo 544 bis de la LECrim sobre el acuerdo de medidas cautelares establece que *«para la adopción de estas medidas se tendrá en cuenta la situación económica del inculpado y los requerimientos de su salud, situación familiar y actividad laboral. Se atenderá especialmente a la posibilidad de continuidad de esta última, tanto durante la vigencia de la medida como tras su finalización».* Por lo que habrá que justificar la disconformidad con las medidas adoptadas en base a este artículo.

Escrito de solicitud de diligencias urgentes a una sección de violencia sobre la Mujer

A TENER EN CUENTA. Por la reforma operada por la LO 1/2025, de 2 de enero, una vez implantados de forma efectiva los tribunales de instancia (D.T. 1.ª), todas las referencias realizadas a los juzgados unipersonales se entenderán hechas a las secciones del orden jurisdiccional correspondiente de los tribunales de instancia.

AL JUZGADO DE VIOLENCIA SOBRE LA MUJER / SECCIÓN DE VIOLENCIA SOBRE LA MUJER DEL TRIBUNAL DE INSTANCIA DE [CIUDAD] (1)

Don/Doña [NOMBRE_PROCURADOR_CLIENTE], Procurador/a de los Tribunales, en nombre y representación de Doña [NOMBRE_CLIENTE], con domicilio en esta ciudad [DOMICILIO_CLIENTE], y provista de DNI número [NIF_CIF_DNI_CLIENTE] lo que acredito mediante escritura de poder general para pleitos, para su unión a los autos por copia testimoniada con devolución de aquélla, previo testimonio en autos, con la asistencia del/de la Letrado/a Don/Doña [NOMBRE_ABOGADO_CLIENTE], con núm. de colegiado/a [NUMEROCOLEGIADO_ABOGADO_CLIENTE] como más procedente sea en Derecho ante el Juzgado / Sección comparezco y,

DIGO

Que por este escrito, en base a los artículos 776, 795 y 797 de la Ley de Enjuiciamiento Criminal, solicito las siguientes,

DILIGENCIAS (2)

PRIMERA.- Esta parte interesa que se practique de forma anticipada la declaración del/de la testigo D./D.ª [NOMBRE] porque se desplazará a su país de residencia y no podrá acudir el día del juicio, por lo que en base al artículo 781.1.3° LECrim, se solicita la prueba anticipada.

SEGUNDA.- Esta parte interesa para la acreditación de [DESCRIPCION], que se practiquen, previa declaración de pertinencia, en el acto del juicio del juicio oral, los siguientes medios de prueba:

I.- Interrogatorio del encausado D. [NOMBRE_PARTECONTRARIA] **(3)**

II.- En base al artículo 800.7 LECrim se solicita la citación judicial de los testigos antes indicados.

III.- Pericial: [MEDIO_FEHACIENTE]

IV.- Documental por reproducción de los documentos que constan ya en autos en especial los n.º [NUMERO] referidos a parte médico e informe forense.

TERCERO.- [DESCRIPCION].

Por todo ello,

SUPLICO AL JUZGADO / SECCIÓN:

Tenga por presentado este escrito, junto con los documentos que le acompaño, lo admita y dicte práctica urgente de las diligencias solicitadas para el juicio.

Es justicia que pido en [LOCALIDAD] a [DIA] de [MES] de [AÑO].

[FIRMA]

Ldo. [NOMBRE_LETRADO_CLIENTE]

[FIRMA]

Proc. [NOMBRE_PROCURADOR]

---

(1) Por la reforma operada por la LO 1/2025, de 2 de enero, una vez implantados de forma efectiva los tribunales de instancia (D.T. 1.ª), todas las referencias realizadas a los juzgados unipersonales se entenderán hechas a las secciones del orden jurisdiccional correspondiente de los tribunales de instancia.

(2) Tras la introducción del nuevo artículo 258 bis de la LECrim, a través del Real Decreto-ley 6/2023, de 19 de diciembre, las actuaciones procesales se realizarán preferentemente, salvo que el juez o jueza o tribunal, en atención a las circunstancias, disponga otra cosa, mediante presencia telemática, incluyendo las que se celebren ante los/las Letrados/as de la Administración de Justicia o ante el Ministerio Fiscal. En las citaciones se informará de la posibilidad de declarar de forma telemática en las condiciones establecidas en el citado precepto.

De conformidad con el artículo 258 bis de la LECrim:

«3. Se garantizará especialmente que las declaraciones o interrogatorios de las partes acusadoras, testigos o peritos se realicen de forma telemática en los siguientes supuestos, salvo que el Juez o Tribunal, mediante resolución motivada, en atención a las circunstancias del caso concreto, estime necesaria su presencia física:

a) Cuando sean víctimas de violencia de género, (...) podrán intervenir desde los lugares donde se encuentren recibiendo oficialmente asistencia, atención, asesoramiento o protección, o desde cualquier otro lugar, siempre que dispongan de medios suficientes para asegurar su identidad y las adecuadas condiciones de la intervención.

b) Cuando el testigo o perito comparezca en su condición de Autoridad o funcionario público, realizando entonces su intervención desde un punto de acceso seguro».

(3) De acuerdo con el artículo 258 bis de la LECrim:

«2. (...) será necesaria la presencia física del acusado en la sede del órgano judicial de enjuiciamiento en los juicios por delito grave y juicios de Tribunal de Jurado, sin perjuicio de lo previsto en los tratados internacionales en los que España sea parte, las normas de la Unión Europea y demás normativa aplicable a la cooperación con autoridades extranjeras para el desempeño de la función jurisdiccional.

En los juicios por delito menos grave, cuando la pena exceda de dos años de prisión o, si fuera de distinta naturaleza, cuando su duración no exceda de seis años, el acusado comparecerá físicamente ante la sede del órgano de enjuiciamiento si así lo solicita este o su letrado, o si el órgano judicial lo estima necesario. La decisión deberá adoptarse en auto motivado.

En el resto de juicios, cuando el acusado comparezca, lo hará físicamente ante la sede del órgano de enjuiciamiento si así lo solicita él o su letrado, o si el órgano judicial lo estima necesario. La decisión deberá adoptarse en auto motivado.

En todo caso, en los procesos y juicios, cuando el acusado resida en la misma demarcación del órgano judicial que conozca o deba conocer de la causa, su comparecencia en juicio deberá realizarse de manera física en la sede del órgano judicial o enjuiciamiento, salvo que concurran causas justificadas o de fuerza mayor.

Cuando se disponga la presencia física del investigado o acusado, será también necesaria la presencia física de su defensa letrada. Cuando se permita su declaración telemática, el abogado del investigado o acusado comparecerá junto con este o en la sede del órgano judicial. Cuando el acusado decida no comparecer en la sede del órgano judicial, deberá notificarlo con, al menos, cinco días de antelación».

Querella frente a exmarido por delito de impago de pensión compensatoria a exmujer

A TENER EN CUENTA. Por la reforma operada por la LO 1/2025, de 2 de enero, una vez implantados de forma efectiva los tribunales de instancia (D.T. 1.ª), todas las referencias realizadas a los juzgados unipersonales se entenderán hechas a las secciones del orden jurisdiccional correspondiente de los tribunales de instancia.

AL JUZGADO DE VIOLENCIA SOBRE LA MUJER / A LA SECCIÓN DE VIOLENCIA SOBRE LA MUJER DEL TRIBUNAL DE INSTANCIA DE [LOCALIDAD] (1)

D./D.ª [NOMBRE_PROCURADOR_CLIENTE], procurador/a de los tribunales, en nombre y representación de **D.ª** [NOMBRE_CLIENTE], con domicilio en esta ciudad [DOMICILIO_CLIENTE], y provista de DNI n.º [NÚMERO] lo que acredito mediante poder [NOTARIAL/APUD_ACTA] a mi favor conferido, copia del cual adjunto como **documento n.º** [NÚMERO], bajo la dirección letrada de D./D.ª [NOMBRE ABOGADO CLIENTE], con n.º de colegiado/a [NÚMERO] por el ICA de [LUGAR], ante el juzgado / la sección comparezco y, como mejor proceda en derecho, **DIGO:**

Que por medio del presente escrito y de conformidad con el artículo 270 y siguientes de la Ley de Enjuiciamiento Criminal, en relación con los artículos 100 y 101 del mismo cuerpo legal, vengo a formular **QUERELLA** contra D. [NOMBRE_PARTECONTRARIA], con DNI n.º [NÚMERO] y domicilio a efectos de notificaciones [DOMICILIO_PARTECONTRARIA], por un **DELITO DE ABANDONO DE FAMILIA por impago de la pensión compensatoria** previsto y penado en el artículo 227 del Código Penal.

En cumplimiento de lo exigido por el artículo 277 de la Ley de Enjuiciamiento Criminal hacemos constar los siguientes datos:

I.- COMPETENCIA

La presente querella se interpone ante el Juzgado de / la Sección de Violencia sobre la Mujer del Tribunal de Instancia de [LOCALIDAD], por haberse cometido los hechos que constituyen el objeto del presente proceso penal dentro del término municipal de [MUNICIPIO] perteneciente a este partido judicial, por lo que resulta atribuida la competencia territorial a los Juzgados de Instrucción de este partido judicial, de conformidad con lo establecido en el artículo 14.2 de la Ley de Enjuiciamiento Criminal.

II.- QUERELLANTE

La persona perjudicada por los hechos objeto de la presente querella y, por tanto, la parte querellante es D.ª [NOMBRE_CLIENTE], vecina de [LOCALIDAD].

Al ser la querellante la ofendida, con arreglo a lo establecido en los artículos 280 y 281 de la Ley de Enjuiciar en lo Penal queda exenta de la obligación de prestar fianza.

III.- QUERELLADO

D. [NOMBRE_QUERELLADO] mayor de edad, con domicilio en [MUNICIPIO_DIRECCIÓN] y titular del Documento Nacional de Identidad [NÚMERO DNI] en concepto de autor de los hechos que más adelante se detallan.

IV.- RELACIÓN DE LOS HECHOS

Los hechos que motivan la querella y que presentan caracteres delictivos son los siguientes:

PRIMERO.- Mi representada y el querellado D. [NOMBRE] contrajeron matrimonio civil/canónico en [LUGAR], el día [FECHA] y consta inscrito en el Registro Civil de [LOCALIDAD], tomo [NÚMERO], y pagina [NÚMERO].

Se acompaña como **documento n.º** [NÚMERO] certificado acreditativo de dicho extremo.

SEGUNDO.- Mediante demanda de divorcio presentada en los Juzgados / la Sección Civil del Tribunal de Instancia de esta localidad, se tramitó procedimiento con n.º [NÚMERO], ante el Juzgado de 1.ª Instancia n.º [NÚMERO] / la Sección Civil del Tribunal de Instancia de [LOCALIDAD], habiendo recaído sentencia n.º [NÚMERO] de fecha [FECHA] en la que, entre otros pronunciamientos, se establece la obligación de que el querellado D. [NOMBRE] pague a nuestra representada, D.ª [NOMBRE_CLIENTE], una pensión compensatoria con carácter indefinido de [INDICAR CUANTÍA] mensuales, actualizables conforme al IPC.

A efectos acreditativos de las manifestaciones arriba referidas se acompaña como **documento n.º** [NÚMERO] copia de la meritada sentencia.

TERCERO.- Desde la firmeza de la mencionada sentencia, el denunciado ha abonado en este concepto la cantidad de [EUROS] correspondiente a las pensiones de los meses de [ESPECIFICAR] a [ESPECIFICAR].

A efectos acreditativos de tales manifestaciones se adjunta como **documento n.º** [NÚMERO], los movimientos de ingreso en la cuenta de mi mandante.

CUARTO.- D. [NOMBRE_DENUNCIADO] ha dejado de satisfacer la pensión compensatoria desde la fecha [FECHA] ascendiendo la cantidad adeudada a [CANTIDAD] euros.

A efectos acreditativos se adjunta como **documento n.º** [NÚMERO], los movimientos bancarios de los referidos meses de la cuenta de nuestro representado.

En virtud de la obligación de actualización de la pensión acorde al IPC la pensión se debería haber incrementado un % resultado una mensualidad de [IMPORTE_EUROS].

En consecuencia, la cantidad total adeuda en concepto de pensión de compensatoria asciende a [CANTIDAD] euros.

QUINTO.- Ante el impago de estas pensiones, y habiendo intentado una resolución extrajudicial, acreditada mediante los **documentos n.º** [NÚMERO] y [NÚMERO], y acuses de recibo positivo de fechas [FECHAS] mi mandante, a través de este letrado, interpone la presente querella dirigida a conseguir la satisfacción del crédito.

V.- DILIGENCIAS A PRACTICAR

Para la comprobación de los hechos que se manifiestan se requieren las siguientes diligencias.

- Declaración de la parte querellada que será citada en [NOMBRE Y DIRECCIÓN].
- Documental, consistente en aportación de los movimientos bancarios de la cuenta de mi representada.
- Se libre atento oficio a la entidad bancaria [NOMBRE_BANCO] para que emita certificado sobre las cuentas de mi mandante de los ingresos recibidos por

el querellado desde la fecha en que la sentencia fue firme hasta el día de la interposición de la presente querella.

Ello con arreglo a lo dispuesto en el art. 258 bis LECrim, relativo la celebración de los actos procesales mediante presencia telemática.

Por todo lo expuesto,

SUPLICO:

Que teniendo por presentado este escrito, con sus copias y documentos que se acompañan, se admita y se acuerde tener por formulada QUERELLA por D.ª [NOMBRE_CLIENTE] en concepto de acusación particular, contra D. [NOMBRE_PARTE-CONTRARIA] por un presunto **DELITO DE ABANDONO DE FAMILIA por impago de la pensión compensatoria** tipificado en el artículo 227 del Código Penal, incoándose diligencias previas para la averiguación y constatación de los hechos, ordenado la práctica de las diligencias propuestas y cualquier otra que, a criterio del Juzgado / de la Sección, resulte necesario, con intervención de esta parte, adoptándose las medidas personales de detención y prisión del presunto culpable o la exigencia de fianza de libertad provisional y se acuerde el embargo de sus bienes en la cantidad necesaria en los casos en que así proceda, con lo demás procedente.

En [LOCALIDAD] a [DIA] de [MES] de [AÑO].

Letrado/a D./D.ª [NOMBRE]

Procurador/a D./D.ª [NOMBRE]

[NUMEROCOLEGIADO ABOGADO_CLIENTE]
[NUMEROCOLEGIADO_PROCURADOR_CLIENTE]
QUERELLANTE D.ª [NOMBRE]

---

(1) Por la reforma operada por la LO 1/2025, de 2 de enero, una vez implantados de forma efectiva los tribunales de instancia (D.T. 1.ª), todas las referencias realizadas a los juzgados unipersonales se entenderán hechas a las secciones del orden jurisdiccional correspondiente de los tribunales de instancia. Cuando la pensión presuntamente impagada ex art. 227 del CP sea la compensatoria establecida a favor de la mujer, la competencia corresponderá a la Sección de Violencia sobre la Mujer, en aplicación de lo dispuesto en la nueva redacción del artículo 89, apartado 5, letra b), de la LOPJ.

Querella por delito de maltrato habitual

A TENER EN CUENTA. Por la reforma realizada por la **LO 1/2025, de 2 de enero**, una vez implantados de forma efectiva los tribunales de instancia (**D.T. 1.ª**), todas las referencias realizadas a los juzgados unipersonales se entenderán realizadas a las secciones del orden jurisdiccional correspondiente de los tribunales de instancia.

AL JUZGADO DE INSTRUCCIÓN [NUMERO] **DE** [LOCALIDAD]**/A LA SECCIÓN DE VIOLENCIA SOBRE LA MUJER DEL TRIBUNAL DE INSTANCIA DE** [ESPECIFICAR] **(1)**

Don/Doña [NOMBRE_PROCURADOR_CLIENTE], procurador de los Tribunales, en nombre y representación de **don/doña** [NOMBRE_CLIENTE], según acredito mediante poder especial que acompaño y en el que constan sus datos personales, **(documento n.º** [NÚMERO]**)** ante el Juzgado/la Sección comparezco con la asistencia letrada de don/doña [NOMBRE_ABOGADO/A_CLIENTE] y como mejor proceda en Derecho, **DIGO:**

Que mediante el presente escrito y de conformidad con el artículo 270 y siguientes de la Ley de Enjuiciamiento Criminal, en relación con los artículos 100 y 101 del mismo cuerpo legal, formulo **QUERELLA** por un delito de MALTRATO **HABITUAL EN EL AMBITO FAMILIAR** previsto en el artículo 173 del Código Penal. En cumplimento de lo exigido por el artículo 277 de la Ley de Enjuiciamiento Criminal hacemos constar los siguientes datos;

I.- COMPETENCIA JUDICIAL: JUZGADO/SECCIÓN ANTE EL QUE SE PRESENTA

La presente querella se interpone ante el Juzgado de Instrucción de [JUZGADO] que por turno corresponda, por haberse cometido los hechos que constituyen el objeto del presente proceso penal dentro del término municipal de [ESPECIFICAR] perteneciente a este partido judicial, por lo que resulta atribuida la competencia territorial a los Juzgados de Instrucción/Sección de Violencia sobre la Mujer del Tribunal de Instancia de este partido judicial, de conformidad con lo establecido en apdo. 2 del artículo 14 de la Ley de Enjuiciamiento Criminal. **(2)**

II.- DEL QUERELLANTE

La persona perjudicada por los hechos objeto de la presente querella, y, por tanto, la parte querellante es don/doña [NOMBRE_CLIENTE], vecino/a de [ESPECIFICAR] quien ostenta la capacidad legal para ser parte acusadora en el proceso penal.

Al ser el querellante el ofendido, con arreglo a lo establecido en los artículos 280 y 281 de la Ley de Enjuiciar en lo Penal queda exento de la obligación de prestar fianza.

III.- DEL QUERELLADO

Don/Doña [NOMBRE] mayor de edad, con domicilio en [DOMICILIO] y titular del Documento Nacional de Identidad [DNI] en concepto de autor de los hechos que más adelante se detallan. **(3)**

IV.- RELACIÓN DE LOS HECHOS

[DESCRIPCIÓN]. **(4)**

V.- TESTIGOS DE LOS HECHOS

Fueron testigos de los hechos ocurridos, don/doña [NOMBRE] con domicilio en [DO-MICILIO] y don/doña [NOMBRE] con domicilio [DOMICILIO] quienes han visto y presenciado de manera habitual, los hechos de menoscabo de don/doña [NOMBRE_CLIENTE] incluso en lugares públicos. Deberán ser citados como testigos al acto de la vista.

VI.- DILIGENICAS A PRACTICAR (5)

Para la comprobación de los hechos que se manifiestan se requieren las siguientes Diligencias.

- Testificales de don/doña [NOMBRE] con domicilio en [DOMICILIO] y don/doña [NOMBRE].

- Documentación aportada con el presente escrito de querella relativa a los daños causados e informes médicos.

- Declaración del/de la querellado/a y querellante con el fin de ver la contradicción en la relación de hechos.

Por todo lo expuesto,

SUPLICO AL JUZGADO/A LA SECCIÓN:

Tenga por presentado este escrito, con sus copias y documentos que se acompañan, se admita y se acuerde tener por formulada **QUERELLA** por D./D.ª [NOMBRE_CLIEN-TE] contra D./D.ª [NOMBRE_PARTECONTRARIA] por un **presunto delito de MALTRA-TO HABITUAL EN EL ÁMBITO FAMILIAR** tipificado en el artículo 173 del Código Penal, con el fin de que se acuerde incoar las diligencias oportunas, se cite a los implicados y a los testigos al juicio verbal y, en su caso, se practiquen el resto de diligencias interesadas, adoptándose las medidas personales de detención y prisión del/de la presunto/a culpable o la exigencia de fianza de libertad provisional y se acuerde el embargo de sus bienes en la cantidad necesaria en los casos en que así proceda.

En [CIUDAD] a [DÍA] de [MES] de [AÑO].

LETRADO D./D.ª [NOMBRE]

[FIRMA]

PROCURADOR D./D.ª [NOMBRE]

[FIRMA]

QUERELLANTE D./D.ª [NOMBRE]

[FIRMA]

OTROSÍ DIGO PRIMERO: solicito al Juzgado acuerde la medida de protección relativa a la salida de D. [NOMBRE_DENUNCIADO] del domicilio común, prohibición del mismo de aproximarse a mi persona, domicilio, lugar de trabajo, colegio de nuestro hijo, lugares que frecuento, así como de ponerse en contacto conmigo por cualquier medio.

Por ello,

SUPLICO AL JUZGADO/A LA SECCIÓN:

Que así se sirva acordarlo.

En fecha y lugar ut supra.

LETRADO D./D.ª [NOMBRE]

[FIRMA]

PROCURADOR D./D.ª [NOMBRE]

[FIRMA]

QUERELLANTE D./D.ª [NOMBRE]

[FIRMA]

OTROSÍ DIGO SEGUNDO: reclamo la responsabilidad subsidiaria civil que pudiera corresponderme por loO hechos y daños denunciados, interesando para el caso de que se estime la existencia de infracción penal, la indemnización que resulte procedente, no solo por los daños materiales, sino por los daños y perjuicios morales, esto es, el desasosiego, la afrenta, y el padecimiento psicológico sufrido y denunciado.

Por ello,

SUPLICO AL JUZGADO/A LA SECCIÓN:

Tenga por hechas estas manifestaciones y se sirva acordarlo.

En fecha y lugar ut supra.

LETRADO D./D.ª [NOMBRE]

[FIRMA]

PROCURADOR D./D.ª [NOMBRE]

[FIRMA]

QUERELLANTE D./D.ª [NOMBRE]

[FIRMA]

---

(1) Por la reforma realizada por la LO 1/2025, de 2 de enero, una vez implantados de forma efectiva los tribunales de instancia (D.T. 1.ª), todas las referencias realizadas a los juzgados unipersonales se entenderán realizadas a las secciones del orden jurisdiccional correspondiente de los tribunales de instancia.
En este caso para determinar la sección competente habrá que atender a lo dispuesto en el artículo 89 de la LOPJ, modificado por la **LO 1/2025, de 2 de ene**ro, en vigor desde el 03/10/2025.

(2) El art. 14 de la LECrim ha sido objeto de modificación por la LO 1/2025, de 2 de enero, en vigor a partir del 03/10/2025.

(3) Según el art. 277 de la LECrim. En caso de no tener constancia de los datos personales del querellado, se deberá hacer la designación del querellado por las señas que mejor pudieran darle a conocer.

(4) Descripción de los hechos con la mayor exactitud posible y las demás circunstancias y pormenores de lo ocurrido.

(5) Tras la introducción del art. 258 bis en la LECrim, por Real Decreto-ley 6/2023, de 19 de diciembre, todas las actuaciones procesales se realizarán preferentemente mediante presencia telemática y se garantizará especialmente que las declaraciones o interrogatorios de las partes acusadoras, testigos o peritos se realicen de forma telemática en supuestos de víctimas de violencia de género, de violencia sexual, de trata de seres humanos o cuando sean víctimas menores de edad o con discapacidad y cuando el testigo o perito comparezca en su condición de Autoridad o funcionario público. Esta novedad entrará en vigor el 20 de marzo de 2024, hasta ese momento el art. 258 bis LECrim no se aplicará.

Denuncia por violencia doméstica sobre un menor solicitando suspensión cautelar de su guarda y custodia

A TENER EN CUENTA. Por la reforma realizada por la LO 1/2025, de 2 de enero, una vez implantados de forma efectiva los tribunales de instancia (D.T. 1.ª), todas las referencias realizadas a los juzgados unipersonales se entenderán realizadas a las secciones del orden jurisdiccional correspondiente de los tribunales de instancia.

AL JUZGADO DE GUARDIA DE [LOCALIDAD] **/ A LA SECCIÓN DE GUARDIA DEL TRIBUNAL DE INSTANCIA DE** [LOCALIDAD] **(1)**

D./Dña. [NOMBRE_CLIENTE], provisto de DNI número [NIF_CIF_DNI_CLIENTE] y domicilio a efectos de notificaciones sito en [DOMICILIO_CLIENTE], comparezco y como mejor proceda en derecho,

DIGO

Que, por medio del presente escrito y de conformidad con los artículos 259 a 269 de la Ley de Enjuiciamiento Criminal (2), vengo a formular DENUNCIA contra D./Dña. [NOMBRE_PARTECONTRARIA], con DNI [DNI] y domicilio a efectos de notificaciones [DOMICILIO], por un DELITO CONTRA [NOMBRE], y todo ello con base en los siguientes

HECHOS

PRIMERO.- El denunciado/a es D./Dña. [NOMBRE_PARTECONTRARIA], con el que llevo casada desde hace [AÑOS] años y con el/la que tengo un hijo, de [NUMERO] años. Residimos en el mismo domicilio arriba indicado y desde hace [PLAZO] aproximadamente, viene D./Dña. [NOMBRE_PARTECONTRARIA] sometiendo a continuos malos tratos físicos y psíquicos a nuestro hijo.

SEGUNDO.- El día [DIA], a las [HORA] horas, el denunciado/a D./Dña. [NOMBRE_PARTECONTRARIA], comenzó a insultar y a amenazar a [NOMBRE] en mi presencia. D./Dña. [NOMBRE_PARTECONTRARIA] se fue poniendo más agresivo, hasta que le golpeó repetidas veces en la cara, le propinó varias patadas en el estómago, haciendo que se cayera al suelo, golpeándose en la cabeza. Las agresiones sufridas le ocasionaron diversas lesiones graves que se detallan en el parte médico que se acompaña a esta denuncia como documento número [NUMERO], para cuya curación fue necesaria hospitalización en el Hospital de [NOMBRE] durante [PLAZO].

En consecuencia, y dado que considero que se comete contra mi hijo [NOMBRE], un delito de violencia doméstica, lo pongo en conocimiento del Juzgado/Sección para que se sirva acordar lo pertinente.

TERCERO.- Estos hechos no son aislados, sino que los insultos y faltas de respeto hacia el menor, así como golpes en muchos casos, se han producido en otras ocasiones.

[DESCRIPCION]

CUARTO.- Los citados hechos podrían ser constitutivos de delito tipificado en el apartado 2 del artículo 173 del Código Penal, de delito de violencia doméstica ejerciendo violencia física y psíquica de manera habitual sobre su descendiente.

Por lo expuesto,

SUPLICO AL JUZGADO / A LA SECCIÓN:

Que, teniendo por presentado este escrito con sus copias y documentos que lo acompañan, se sirva admitir la presente DENUNCIA y acordar la tramitación de la misma con la mayor urgencia, así como investigar los hechos denunciados con el fin de esclarecer la eventual responsabilidad penal que pueda derivarse de los mismos.

Es Justicia que pido en [LUGAR] a [DIA] de [MES] de [ANIO].

Fdo. [NOMBRE_CLIENTE].

PRIMER OTROSÍ DIGO: Existiendo una situación de grave riesgo para la vida e integridad física de mi hijo, y siendo víctima de un delito de malos tratos en el ámbito familiar y una de las personas enumeradas en el art. 173.2 del CP, solicito del Juzgado/ Sección que emita una orden de protección al amparo del artículo 544 ter de la LEcrim y acuerde suspender cautelarmente la guarda y custodia del denunciado sobre el hijo menor de edad.

Por lo expuesto,

SUPLICO AL JUZGADO / A LA SECCIÓN:

Que tenga por hecha la anterior manifestación y acuerde de conformidad con la misma.

Es Justicia que pido en lugar y fecha ut supra.

Fdo. [NOMBRE_CLIENTE].

---

(1) En virtud de la reforma realizada por la LO 1/2025, de 2 de enero, una vez implantados de forma efectiva los tribunales de instancia (D.T. 1.ª), todas las referencias realizadas a los juzgados unipersonales se entenderán realizadas a las secciones del orden jurisdiccional correspondiente de los tribunales de instancia.

En la redacción resultante de la norma mencionada, los arts. 84 y siguientes de la LOPJ son los que permiten conocer la sección competente en cada caso. En particular, por lo que al orden penal se refiere, acúdase a los arts. 88 y siguientes de la LOPJ.

(2) Por lo que se refiere al contenido que ha de tener la denuncia, tras la reforma operada en el art. 265 de la LECrim por parte del Real Decreto-ley 6/2023, de 19 de diciembre, con entrada en vigor el 20 de marzo de 2024, dicho precepto indica lo siguiente:

«1. Las denuncias podrán hacerse por escrito o de palabra, personalmente o por medio de mandatario con poder especial.

2. La denuncia contendrá la identificación de la persona denunciante y la narración circunstanciada del hecho. En caso de persona jurídica o ente sin personalidad jurídica, deberá identificarse también la persona física que formula la denuncia en su nombre, indicando su relación con la persona jurídica o el ente sin personalidad denunciante.

Igualmente, si fueran conocidas, contendrá la identificación de las personas que lo hayan cometido y de quienes lo hayan presenciado o tengan información sobre él. También indicará la existencia de cualquier fuente de conocimiento de la que el denunciante tenga noticia, que pueda servir para esclarecer el hecho denunciado».

A su vez, según la redacción dada al artículo 266 de la LECrim por el Real Decreto-ley 6/2023, de 19 de diciembre, y la posterior LO 1/2025, de 2 de enero (el primero con entrada en vigor el 20/03/2024 y la segunda con efectos de 03/04/2025):

«La denuncia que se haga por escrito deberá estar firmada por el denunciante de forma autógrafa o manuscrita, si es presencial, y si no pudiere hacerlo, por otra persona a su ruego; o si se interpone por vía telemática, con firma electrónica conforme a lo establecido en

artículo 10 de la Ley 39/2015, de 1 de octubre, del Procedimiento Administrativo Común de las Administraciones Públicas y en el Reglamento (UE) n.º 910/2014 del Parlamento Europeo y del Consejo, de 23 de julio de 2014, relativo a la identificación electrónica y los servicios de confianza para las transacciones electrónicas en el mercado interior y por la que se deroga la Directiva 1999/93/CE. En el caso de las personas jurídicas, se firmará con certificado electrónico cualificado con atributo de representante o los medios previstos en la regulación de firma digital que permitan identificar la persona jurídica, así como la persona física que formula la denuncia.

No se podrán denunciar por vía telemática aquellos hechos que se hayan producido con violencia o intimidación, ni si tienen autor conocido, ni si existen testigos, ni si el denunciante es menor de edad, ni si se ha cometido delito flagrante, ni aquellos hechos de naturaleza violenta o sexual».

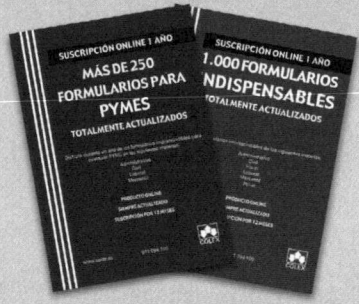